Les clés pour le développement de la Guinée

Mamadi CAMARA

Les clés pour le développement de la Guinée

Nouvelle édition

Préface de Seydi Ababacar Dieng

L'Harmattan

DU MÊME AUTEUR

Quarante ans de gestion socialiste et libérale de la monnaie en Guinée (1958-1998). Editions Ganndal, Conakry, 2003.

Où va la Guinée ? Mémorandum à un ami pour sauver notre pays, Editions l'Harmattan, Paris, 2010.

Première édition, 2015

5-7, rue de l'Ecole-Polytechnique, 75005 Paris

http://www.editions-harmattan.fr

ISBN : 978-2-343-14632-4
EAN : 9782343146324

A tous mes anciens étudiants auxquels j'ai enseigné :

(i) les Techniques bancaires à l'Institut Polytechnique Gamal Abdel Nasser de Conakry et ;

(ii) la macroéconomie à la Cellule d'étude de politique économique (CEPEC) du Centre national de perfectionnement à la gestion (CNPG), à Donka, Conakry

GUINEE

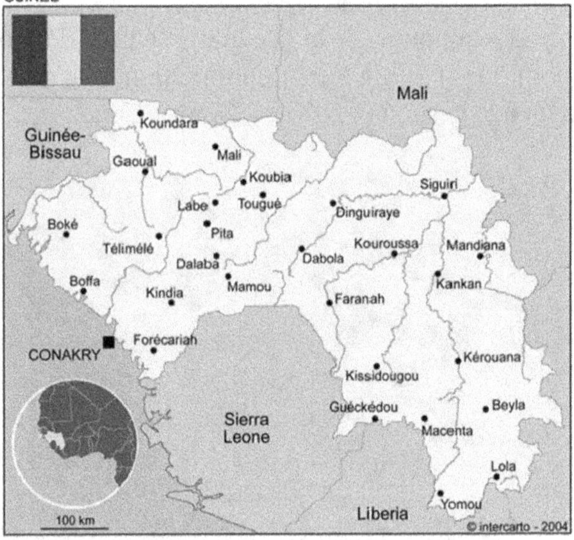

Mali
Guinée-Bissau
Koundara
Mali
Gaoual
Koubia
Siguiri
Labe
Tougué
Dinguiraye
Boké
Pita
Télimélé
Kouroussa
Mandiana
Dalaba
Dabola
Boffa
Mamou
Kankan
Kindia
Faranah
CONAKRY
Forécariah
Kérouana
Kissidougou
Guéckédou
Beyla
Macenta
Sierra Leone
Lola
Yomou
Liberia
100 km
© intercarto - 2004

REMERCIEMENTS

Cet ouvrage a été soumis à plusieurs personnes pour observations, suggestions et conseils. Celles-ci ont toutes été accueillantes en acceptant de le lire. Je voudrais ici leur exprimer ma profonde gratitude pour leurs avis encourageants sur tout ou partie du manuscrit.

Ibrahima Soumah et Mamadou Doumbouya, respectivement ancien Ministre des Mines et Géologie et ancien Secrétaire Général du même ministère, et El Hadj Mamadi Touré de la Direction de la Compagnie des Bauxites de Guinée (CBG) comptent parmi les plus grands experts du secteur minier guinéen. Ils ont fait une lecture utile du chapitre sur les mines, ce qui constitue pour moi une précieuse caution.

Je remercie Ousmane Tanou Diallo, Consultant en Energie à la Banque africaine de développement, qui a mis à ma disposition une riche documentation sur l'énergie en Guinée dont il est pour la plupart l'auteur.

Je remercie également Ousmane Conté, de la Direction de la Recherche et des Statistiques de l'Institut Monétaire de l'Afrique de l'Ouest (IMAO), à Accra, qui a bien voulu relire le chapitre sur l'Exemple du Ghana.

J'ai apprécié la disponibilité et la contribution de Mody Oury Barry, ingénieur en électricité, sur le chapitre portant sur l'hydroélectricité. Je remercie Saloun Cissé, spécialiste reconnu du milieu naturel guinéen, qui a relu le chapitre sur l'agriculture, ainsi que Sékouna Diakité, ancien fonctionnaire de la Banque africaine de développement, qui a fait des remarques générales avisées.

Mes remerciements vont à Moussa Sidibé, talentueux démographe de la Guinée, qui a fait des commentaires pertinents sur le dernier chapitre du manuscrit. Je remercie Abdoulaye Touré, ancien Directeur national du Plan. Spécialiste en modélisation économique et en cadrage macroéconomique, il a bien voulu relire mon manuscrit.

Cet ouvrage doit beaucoup à la qualité de relecture et aux suggestions et remarques de Mourad Labidi, ancien Expert de l'ONU et Consultant en Economie à la Banque africaine de développement (BAD).

Je remercie Seydi Ababacar Dieng, Professeur des Universités en Sciences Economiques, Directeur du Laboratoire de Recherches économiques et monétaires (Larem) de l'Université Cheick-Anta-Diop de Dakar (UCAD) et professeur itinérant dispensant des cours dans plusieurs universités, dont l'Université de Sonfonia, à Conakry. Auteur de plusieurs tribunes dans l'hebdomadaire Jeune Afrique, il a bien voulu m'accorder la préface de ce livre avec beaucoup de grâce.

Pour cette nouvelle édition, je remercie Hamady Diop, PhD., Spécialiste de la pêche au NEPAD, qui a mis à ma disposition une abondante littérature sur la pêche en Guinée. Enfin, j'exprime ma gratitude aux experts suivants : (i) Sékou Kéita, Expert en Gestion Financière à la BAD, qui a fait des commentaires pertinents après lecture de l'ouvrage en 2010, commentaires ayant conduit à l'enrichissement de l'ouvrage ; (ii) ma fille Latéfa, Experte en économie du développement, Consultante à la BAD, qui a relu avec une attention soutenue la présente version du livre pour ensuite me suggérer des améliorations appropriées.

SOMMAIRE

« La pauvreté n'est pas un accident. Comme l'esclavage et l'apartheid, elle a été faite par l'homme et peut être supprimée par des actions communes de l'humanité. »

Nelson Mandela

AVANT-PROPOS

La nouvelle édition du présent ouvrage est plus complète, puisqu'étant une version augmentée et à jour. Elle rend l'analyse des clés du développement plus exhaustive. En effet, le premier pilier, à savoir l'agriculture, fait l'objet de plus d'approfondissement en ce sens qu'un deuxième sous-pilier – la pêche et l'aquaculture – a été ajouté. La pêche n'a pas encore rendu tous les effets bénéfiques qu'on peut en attendre, mais elle constitue un atout majeur dans l'économie agricole de la Guinée. Son insertion en tant que sous-pilier constitue donc un enrichissement capital de l'ouvrage.

En outre, il a fallu tenir compte de l'évolution de certains paradigmes, notamment le passage des Objectifs du Millénaire pour le Développement (OMD) aux Objectifs de développement durable (ODD) dont la mise en œuvre couvrira les 15 prochaines années (2015-2030). D'autres additions ont permis également d'enrichir la présente édition, en l'occurrence « l'Agenda 2063 » – *L'Afrique que nous voulons* – de l'Union Africaine, adopté à Addis-Abeba le 31 janvier 2015.

Enfin, compte tenu de l'importance des nouvelles technologies de la communication dont les populations se sont déjà approprié pour en faire un outil de travail, il a fallu considérer les NTIC comme des accélérateurs de croissance, parallèlement aux trois autres déjà identifiés, à savoir l'éducation, la santé et les infrastructures routières.

L'ensemble de ces mises à jour, additions et nouveaux outils d'analyse permettent à l'ouvrage de s'inscrire dans la durée de façon plus solide, et de continuer ainsi à servir d'aiguillon aux politiques publiques en Guinée, au fil des prochaines décades.

PREFACE

Cet ouvrage de Mamadi Camara, comportant 15 chapitres bien articulés, est écrit dans un style très agréable et accessible au grand public en raison de la démarche adoptée, simple et intelligible. Il est construit à partir d'une documentation pertinente très riche. La principale préoccupation de l'auteur demeure la quête de propositions adéquates et opérationnelles pour permettre à la Guinée d'emprunter, de manière irréversible, le chemin du développement économique et social dans un contexte de paix sociale et de stabilité politique.

Panafricaniste convaincu, il ne dissocie pas l'avenir de la Guinée de celui de l'Afrique. C'est ainsi qu'il établit un diagnostic sans complaisance de la situation du continent avant de s'intéresser plus spécifiquement à la Guinée. Avec le réflexe d'enseignant du supérieur – qu'il a été –, il s'attarde, dans un premier temps, à expliciter de manière très concise le concept de développement. Il expose, dans un second temps, les raisons explicatives de l'inégal développement des pays, en mettant davantage en exergue le cas spécifique des pays africains.

Se focalisant sur la Guinée depuis son indépendance, l'auteur fait une analyse très approfondie de la situation économique, politique et sociale. Ce diagnostic succinct est établi en s'appuyant sur des statistiques nationales et internationales et sur des exemples très précis. Après avoir exposé les forces et les faiblesses de la Guinée et en s'inspirant, en particulier, des expériences réussies des pays du sud-est asiatique, il décline ses propositions concrètes pour enclencher le processus de développement du pays.

Partant des cinq atouts naturels majeurs de la Guinée – « son potentiel minier, énergétique, hydrologique, agricole, et de l'ouverture du pays sur la mer » –, l'auteur propose une stratégie qu'il dénomme « Stratégie de transformation de la Guinée (STraG) ». Cette STraG repose sur quatre piliers : l'agriculture, l'énergie hydroélectrique, les mines et la bonne gouvernance. Elle permettra la promotion des ressources humaines et subséquemment le développement économique et social de la Guinée.

L'auteur se réjouit des réformes en cours depuis l'avènement de la 3ème République, notamment en matière de gestion budgétaire et monétaire, et de justice et suggère vivement aux autorités de persévérer dans cette voie, en mettant en œuvre la STraG.

Dans les quatre derniers chapitres, l'auteur relate les expériences du Cap-Vert, du Ghana et de la Malaisie, et décrit la Guinée dans 30 ans. Cette dimension prospective de l'ouvrage est un évident signe révélateur de son optimisme très marqué pour l'avenir de son pays.

Pr. Seydi Ababacar DIENG

Maître de Conférences Agrégé
Directeur du LAREM
Université Cheikh Anta Diop

INTRODUCTION

Dès 1962, l'agronome français René Dumont avait sonné l'alarme en publiant un livre au titre provocateur, mais combien prémonitoire : « L'Afrique noire est mal partie »[1] pour attirer l'attention des dirigeants africains sur le mauvais départ qu'il a constaté dans le processus de développement économique et social de leurs pays nouvellement indépendants. Il dépeint dans cet ouvrage les handicaps du continent africain, les problèmes liés à la mal gouvernance (corruption), les difficultés de gestion des pesanteurs héritées de la colonisation. Le diagnostic posé alors a été d'une grande pertinence. En effet, le cheminement de la plupart des pays africains reflétera ces dysfonctionnements.

Les pays en développement (PED) se caractérisent, entre autres, par (i) une faiblesse de l'épargne intérieure, et (ii) une dépendance d'un ou deux produits d'exportation dont les cours varient au gré des besoins des pays industrialisés. Ces caractéristiques ont souvent mis les PED en position de demandeurs de capitaux pour financer leur développement économique. Ces caractéristiques couplées avec des politiques économiques mal orientées provoquent ou aggravent les déséquilibres de leurs balances des paiements.

---

[1] René Dumont, *L'Afrique noire est mal partie*, Editions du Seuil, Paris, 1962.

Depuis l'accession des pays africains à l'indépendance dans les années 60 jusqu'à ce jour, les réflexions et débats sur leur développement ont été nombreux, mettant en lumière divergences et convergences. Cependant, l'initiative des schémas pour la croissance et le développement économique, effectivement mis en œuvre a été, dans la majorité des cas, laissée notamment aux institutions de Bretton Woods qui ont ajusté leurs objectifs et leurs pratiques sur les questionnements que le développement des pays a suscités.

D'abord, la Banque internationale pour la reconstruction et le développement (BIRD), face à l'amenuisement de ses ressources, a recentré ses programmes sur les questions de développement dans les années 50-60, laissant le financement de la reconstruction de l'Europe dévastée par la Seconde Guerre mondiale au Plan Marshall[2]. Elle est plus connue aujourd'hui sous le nom de Banque mondiale dont les activités sont centrées sur le financement des projets de développement des pays sous-développés.

---

[2] Le Général Georges Marshall, Secrétaire d'Etat américain du président Truman, lors d'un discours à l'Université Harvard (5 juin 1947), exposa la volonté du gouvernement des États-Unis de contribuer au rétablissement de l'Europe dévastée par la guerre. Le Plan qui portera plus tard son nom était destiné à la reconstruction de 23 pays européens en réponse à l'Organisation européenne de coopération économique (OECE, devenue aujourd'hui l'Organisaation de coopération et de développement économiques (OCDE), et ce sans accabler l'Allemagne. Il entrera en vigueur en 1948. Répartie sur 4 ans (1948-1951), l'aide a fourni à l'Europe plus de 13 milliards de dollars de l'époque, les principaux bénéficiaires ayant été l'Angleterre (26 %) et la France (23 %). La majeure partie de l'aide, soit 11 milliards de dollars, consistait en dons, le reste en prêts. La mise en œuvre du plan s'est déroulée sur fond de lutte idéologique et d'influence, connue sous le nom de guerre froide, entre les Etats-Unis et l'Union Soviétique.

Ensuite, toujours dans les années 60, l'Inde a conçu et mis en œuvre ce qu'on a appelé la « révolution verte », c'est-à-dire une transformation profonde de ses méthodes culturales pour produire plus, nourrir sa nombreuse population et vaincre la faim. Cette révolution s'est étendue, par la suite, à toute l'Asie.

De 1970 à ce jour, plusieurs formules ont été proposées aux pays africains :

(i) pour résoudre la problématique du déficit temporaire de la balance des paiements, l'appui financier que le FMI apporte aux programmes économiques des pays africains se fait dans le cadre d'un accord de confirmation (la possibilité de recours aux tranches de crédit) ou d'un accord élargi dont l'objet est d'aider l'Etat membre à surmonter ses difficultés temporaires de balance des paiements, ou le cas échéant, d'appuyer ses réformes économiques.

(ii)Il est apparu de plus en plus que les problèmes économiques des pays africains ne pouvaient être résolus que sur le moyen et le long terme. Les gestionnaires de l'économie se sont rendu compte que les déséquilibres n'étaient pas de nature temporaire, mais structurelle. D'où la nécessité pour ces pays de mettre sur pied des programmes de redressement économique profond touchant à la fois l'offre et la demande, programmes auxquels les institutions de Bretton Woods apportent leur appui financier. Ainsi, devant les limites des crédits stand-by, un nouveau paradigme a vu le jour au début des années 80 sous le nom programmes d'ajustement structurel (PAS) qui avaient l'ambition d'agir à la fois sur l'offre et la demande, en stimulant les transformations structurelles et en rationalisant la dépense publique. Ces PAS encourageaient souvent les pays bénéficiaires à mener des politiques d'austérité.

(iii) Les résultats des PAS ayant été peu satisfaisants dans la majorité des pays africains, les institutions de Bretton Woods ont proposé un nouveau cheval de bataille contre le sous-développement, la lutte contre la pauvreté, présentée depuis la fin des années 90 dans des Documents de stratégie de réduction de la pauvreté (DSRP), périodiquement mis à jour. L'atteinte du point d'achèvement dans le processus de mise en œuvre du DSRP permet des allègements importants en matière de remise de dette au titre de l'Initiative pays pauvre très endettés (IPPTE) et de l'Initiative de remise de la dette multilatérale (MDRI)[3]. Ces allègements permettent de disposer d'un espace budgétaire à même de permettre des stratégies hardies de réduction de la pauvreté. Parallèlement, sous l'instigation des pays et du Programme des Nations Unies pour le développement (PNUD), les aspects sociaux du développement ayant trait à la santé, à l'éducation et à la capacité d'accès aux ressources naturelles ont été revalorisés pour recadrer le concept de développement.

Le PNUD introduisit au milieu des années 90 la notion d'indice de développement humain (IDH) qui tient

---

[3] Le vaste mouvement mondial en faveur des pays endettés, appelé Jubilé 2000 de l'Eglise et entamé en 1996, a joué un rôle déterminant dans l'annulation de la dette des pays pauvres par l'intensification de ses critiques de l'idéologie néo-libérale et des programmes du Fonds monétaire international. L'idée était de faire de l'an 2000 une année de remise de la dette. Le mouvement a forcé le G7 à inclure la réduction de la pauvreté dans les programmes économiques du FMI.

compte de paramètres jusqu'alors insuffisamment pris en compte dans les éléments constitutifs du développement économique et social. Ainsi, le PNUD demandait de ne pas restreindre la notion de développement à celle de la création de richesses que représente le Produit intérieur brut (PIB).

Par ailleurs, il convient de rappeler qu'en juillet 1990, lors de la conférence de haut niveau sur l'Afrique qui s'est tenue à Maastricht, les politiques d'ajustement révélaient déjà leurs limites. Ainsi, il apparaissait à tous que la relance des économies ne pouvait être engendrée par le seul rétablissement des équilibres macroéconomiques et financiers, par ailleurs indispensables.

De ce fait, l'on s'accorda à penser, à l'époque, que les pays, sans renoncer à gérer la crise, devaient au moins inscrire leurs politiques dans des perspectives de long terme, en tenant compte des exigences d'un avenir marqué par des changements rapides et une incertitude croissante. La Banque Mondiale elle-même, dans un rapport publié en 2000 [4], venait d'admettre l'insuffisance des politiques d'ajustement et d'accepter que les perspectives à long terme deviennent le cadre d'un développement durable en Afrique. La même idée a été soutenue, la même année, par la Commission Economique des Nations Unies pour l'Afrique (CEA).

C'est dans ce contexte que se situe l'initiative des études nationales prospectives à long terme et la création de Futurs Africains à Abidjan pour aider les pays africains à élaborer leurs Visions. A la Conférence de Maastricht, il a été admis une fois pour toutes que le développement

---

[4] *Cf.* Rapport de la Banque mondiale 2000-2001 sur le développement intitulé « *Combattre la pauvreté* », Banque mondiale, septembre 2000.

n'est pas possible si les transformations des comportements et des structures sociales et démographiques, culturelles et politiques, ne sont pas associées aux mesures purement économiques, organisées selon une perspective et structurées dans la durée.

En 2000, un autre avatar est né du Sommet du millénaire qui a regroupé 193 Etats membres de l'ONU à New York, ainsi que quelque 23 organisations internationales, à savoir les Objectifs du millénaire pour le développement (OMD). Les OMD visent 8 objectifs, dont la réduction de l'extrême pauvreté et de la mortalité infantile, ainsi que l'accès à l'éducation, à l'horizon 2015. La dernière évaluation indique peu de pays africains ont atteint ces objectifs, par manque de moyens financiers, mais aussi à cause de la mal gouvernance.

C'est pourquoi, malgré les progrès réalisés, le 25 septembre 2015, en marge de l'assemblée générale des Nations Unies, 193 Chefs d'Etat ou de gouvernement ont élaboré une nouvelle feuille de route visant 17 objectifs de développement durable (ODD) à atteindre pendant les 15 prochaines années (2015-2030). Le but ultime est de réaliser trois grandes performances : (i) mettre fin à l'extrême pauvreté ; (ii) lutter contre les inégalités et l'injustice ; et (iii) régler le problème du changement climatique. Ces objectifs sont partie intégrante du nouveau programme de développement post-2015 connu sous le nom de « *Transformer notre monde : le Programme de développement durable à l'horizon 2030* ». Ce programme est plus vaste et plus ambitieux que les OMD.

Dans cet ensemble d'initiatives prises par les organisations internationales en vue de promouvoir le développement de l'Afrique, trois virent le jour en Afrique même :

(i) le Plan d'action de Lagos (PAL) pour le développement économique de l'Afrique 1980-2000. Le PAL, qui prônait un développement endogène, visait un développement socioéconomique de l'Afrique fondé sur l'autosuffisance, la coopération et l'intégration économiques. Mais, le projet est mort dans l'œuf, faute de financement ;

(ii)le Nouveau Partenariat pour le Développement de l'Afrique (NEPAD) qui est un plan de relance économique pour le continent africain adopté par les Chefs d'Etat en octobre 2001 à l'occasion de la rencontre au Sommet de l'OUA à Abuja. Le NEPAD est devenu le programme de développement socioéconomique de l'Union Africaine en 2002 au terme du Sommet de Durban, en Afrique du Sud. Il contient des projets d'infrastructures de grande envergure pour éradiquer la pauvreté et atteindre les objectifs du millénaire. Ses objectifs sont très ambitieux, notamment la réalisation d'un taux de croissance dans les pays africains de 7 % en moyenne par an ;

(iii) « l'Agenda 2063 » (L'Afrique que nous voulons) de l'Union Africaine, adopté à Addis-Abeba le 31 janvier 2015, est une Vision et un Plan d'action pour transformer en profondeur l'Afrique et en faire un continent solidaire, prospère et pacifique.

Mais, comme pour le PAL, la mise en œuvre du NEPAD souffre du manque de moyens financiers. En effet, l'épargne intérieure et le renforcement de la collecte de recettes publiques qui sont considérées comme des ressources essentielles pour la réalisation du projet sont insuffisants. Et l'engagement des pays riches d'accroître

l'aide publique au développement (APD) de 12 milliards de dollars EU[5] par an à compter de 2006 pris à Monterrey, en mars 2002, par les pays membres du G8 n'a pas été honoré de façon suffisante, pas plus que l'engagement de l'Union européenne à doubler l'APD entre 2004 et 2010, de 34,5 milliards d'euros à 67 milliards (soit l'équivalent de 85 milliards de dollars US au cours de 2005), avec au moins 50 % de cette augmentation destinée à l'Afrique subsaharienne[6]. Mais, à la décharge des pays donateurs, il faut noter que la crise financière internationale déclenchée en 2008 qui a secoué les fondements des économies développées, et dans une certaine mesure, le contrôle subséquent de leurs citoyens ont sans doute eu une incidence sur le manque d'amélioration du volume de l'APD.
Et les flux de capitaux privés en termes d'Investissements directs étrangers (IDE) en Afrique sur lesquels on comptait également sont insuffisants en ce qui concerne l'Afrique subsaharienne.

Quant à l'Agenda 2063, il n'est encore qu'à ses débuts en matière d'implémentation.

La mise en œuvre de ces différents schémas de développement pendant les 50 dernières années n'a pas produit une bonne partie des effets escomptés. Ont notamment manqué : la mise en place des infrastructures de base durables et une réduction significative de la pauvreté. L'aggravation de la pauvreté dans la plupart des pays est en porte-à-faux avec les performances

---

[5] Du Plan d'Action de Lagos (PAL) au NEPAD : deux conceptions du développement, deux idéologies.... par Célestine ZANOU, *in* La Presse du Jour du 12 décembre 2008.

[6] *Cf.* Centre d'intérêt 1 : Le financement pour le développement en Afrique.

macroéconomiques de l'Afrique ces dix dernières années, le continent ayant affiché un taux de croissance moyen de 5 % par an (entre 2000 et 2007, l'Afrique a connu une croissance annuelle moyenne de 5,5 %)[7]. Selon Henri de Raincourt et Donald Kaberuka, les contre-performances de l'Afrique dans l'économie réelle sont dues aux raisons suivantes : (i) les schémas de développement ont été conçus de façon exogène ; (ii) leur mise en œuvre a été très souvent biaisée et incomplète ; (iii) la diversité des stades de développement des pays africains pose des problèmes d'adaptation qui ne sont pas toujours bien maîtrisés par les experts des institutions financières internationales ; (iv) l'appropriation des schémas de développement par les gouvernements africains a été insuffisante.

Que faire pour développer effectivement les pays africains au sud du Sahara ? Question complexe, mais non insurmontable. Avec de la volonté politique, une vision claire conçue de façon interne et un programme cohérent de projets structurants, on pourrait ouvrir la voie à un véritable développement économique et social des pays africains. En matière de développement, tout ce qui se fait doit être conçu d'abord, ensuite mis en œuvre de façon rigoureuse, et enfin évalué pour en apprécier les résultats. Mais, l'ingrédient indispensable à ces éléments précités est sans aucun doute la bonne gouvernance, même si par ailleurs, il faut tenir compte d'autres facteurs tels que l'impact du contexte international et des partenaires extérieurs.

---

[7] *Cf.* De nouveaux outils pour financer les défis d'une nouvelle Afrique, par Henri de Raincourt, ministre chargé de la Coopération, et Donald Kaberuka, président de la Banque africaine de développement, *in* Le Monde du 25/04/2011.

On est de plus en plus convaincu que les dépenses (i) de santé (constructions, équipements d'hôpitaux, de centres de santé, de dispensaires, planning familial, formation du personnel médical), (ii) d'éducation (construction et équipement des écoles, formation des enseignants), (iii) d'infrastructures (construction de routes et de voies de communication qui favorisent le développement des échanges et l'extension des marchés et stimule la croissance économique, construction des réseaux d'électricité, d'eau, d'assainissement) concourent toutes au développement économique et social.

Les expériences malheureuses accumulées sur le chemin de la croissance et du développement, ainsi que les cas de bonnes pratiques ont instruit les organisations financières internationales et les Gouvernements africains. Elles doivent inspirer davantage des politiques de développement socioéconomiques conçues de l'intérieur et mises en œuvre avec l'appui des bailleurs de fonds bilatéraux et multilatéraux, et grâce aussi aux investissements directs étrangers.

A cet égard, l'ambition du présent ouvrage est de proposer des éléments de réflexion sur les actions stratégiques à retenir spécifiquement pour la Guinée ainsi que les politiques économiques à suivre pour sortir le pays de son état de léthargie et offrir aux générations futures un cadre de vie auquel les atouts économiques du pays leur donnent droit.

CHAPITRE UN

LE CONCEPT DE DEVELOPPEMENT

De façon générale, les définitions sont souvent réductrices, ne couvrant pas entièrement les dimensions du mot défini. On y substitue de plus en plus des explications afin d'embrasser tous les aspects du concept.

« *Le développement est au départ un concept ambigu et peu opérationnel aussi longtemps en tout cas qu'il n'est pas qualifié* »[8].

La notion de développement, au fil du temps, est passée d'un contenu quantitatif plus prononcé à un contenu qualitatif plus accru. Aujourd'hui, les économistes distinguent la croissance du terme de développement.

La croissance est généralement considérée comme l'augmentation en pourcentage du produit intérieur brut (PIB, c'est-à-dire l'ensemble des biens et services produits dans un pays en une année). François Perroux[9] définit la croissance économique comme « *l'augmentation soutenue du PIB pendant une ou plusieurs périodes longues* ».

Le développement est la transformation des structures économiques, ainsi que des structures sociales, culturelles,

---

[8] *La population de la Guinée : situation actuelle et défis de l'avenir*, Ministère du Plan et UNFPA, Editions Ganndal.

[9] François Perroux (1903-1987) agrégé de sciences économiques, a été professeur à la faculté de droit de Lyon, puis à Sciences po et au Collège de France.

politiques, institutionnelles qui accompagnent et expliquent la croissance. François Perroux définit le développement comme « *étant l'ensemble des changements mentaux et sociaux d'une population qui la rendent apte à faire croître, cumulativement et durablement, son produit réel global* ».

Le développement, c'est aussi la « transformation des structures démographiques et sociales qui généralement accompagnent la croissance. On insiste ici sur l'aspect structurel (industrialisation, urbanisation, salarisation, institutionnalisation, etc.) et qualitatif (transformation des mentalités, des comportements, etc.) de l'évolution à long terme. »[10]

Pour sa part, Paul Vi estime que « *Le développement ne se réduit pas à la simple croissance économique. Pour être authentique, il doit être intégral, c'est-à-dire promouvoir tout homme et tout l'homme* »[11].

L'indicateur le plus couramment utilisé pour évaluer le développement est le PIB. Mais, devant l'insuffisance de cet agrégat pour mesurer la qualité du développement, le Programme des Nations Unies pour le développement (PNUD) a introduit en 1990 un nouvel indicateur appelé indice de développement humain (IDH) qui repose sur trois éléments : la santé, l'éducation et la capacité d'accès aux ressources naturelles. Toutefois, l'IDH ayant montré ses limites, les experts du PNUD ont créé un nouvel indicateur en 1997, à savoir l'indicateur de pauvreté humaine (IPH) qui s'appuie sur trois éléments : l'espé-

---

[10] *Cf. Dictionnaire d'économie et de sciences sociales*, 7èrme Edition revue, augmentée, sous la Direction de C.D. Echaudemaison, Editions Nathan, Paris, 2007.

[11] Cf. Paul VI, Populorum, 1957.

rance de vie, le niveau d'éducation (mesuré par le taux d'alphabétisation) et les conditions de vie, en l'occurrence l'accès aux services de santé et à l'eau potable, la malnutrition des enfants.

Selon Amartya Sen[12], « *Le développement humain, en tant qu'approche, repose sur ce que je tiens pour être l'idée fondamentale du développement : à savoir, faire progresser la richesse de la vie humaine, plutôt que la richesse de l'économie dans laquelle les êtres humains vivent, ce qui n'en représente qu'une partie* ».

Toutes ces définitions contiennent l'idée de « progrès », un progrès mesurable à travers l'amélioration des conditions de vie qui n'est pas une simple élévation du niveau de vie, mais aussi : « baisse de la pénibilité et du temps de travail, amélioration de l'habitat, meilleur accès à la culture et à l'information, augmentation du niveau de scolarisation, changements dans le rôle et le statut de la femme, amélioration de la qualification et de la santé, etc. ».

Les variables prises en compte dans le développement seraient elles-mêmes insuffisantes ? Cela a conduit à la notion de développement durable qui « *concilie les besoins économiques, sociaux et environnementaux* »[13]. Le développement durable est un type de développement répondant mieux aux besoins du présent sans compromettre la capacité des générations futures. Le développement durable entend préserver les équilibres naturels et

---

[12] Amartya Sen est professeur d'économie à l'Université Harvard. Il est lauréat du prix Nobel d'économie en 1998 pour sa contribution à la construction d'indicateurs de développement humain.

[13] *Cf.* Madagascar : Pour un dialogue sur les enjeux de développement, Banque mondiale, juin 2013.

assurer aux générations futures une qualité de vie au moins équivalente à celle des générations présentes.

En prenant tous ces éléments en considération, on constate que depuis la révolution industrielle du 19ème siècle, l'écart entre le revenu par tête d'habitant des pays les plus riches et le revenu per capita des pays les plus pauvres s'est constamment accru. En 1870, les nations les plus riches sont 11 fois plus riches que les plus pauvres. En 1995, ils sont 50 fois plus riches. En 1998, le PNUD indique dans son rapport annuel que le patrimoine des 15 individus les plus fortunés dépasse le PIB total de l'Afrique subsaharienne. Malgré le dynamisme affiché par certains pays émergents, comme la Chine, l'Inde, les tigres d'Asie, le Brésil, l'écart entre pays développés et pays en développement ne fait que se creuser davantage, laissant à la traîne les pays pauvres.

De façon générale, un pays est considéré comme développé lorsque son revenu par tête d'habitant est supérieur ou égal à 20 000 dollars US. Mais, cette définition est à relativiser, d'autres considérations entrant en ligne de compte pour distinguer les pays industrialisés des pays en développement (par exemple, la Libye affiche un revenu par tête d'habitant de 21.397 dollars[14], et la Guinée Équatoriale 33.720 dollars, sans pour autant que ces pays soient considérés comme développés). La majorité des pays de l'Afrique subsaharienne affichant un PIB par habitant inférieur à 1000 dollars US, l'idée de rattrapage des premiers par les seconds est une entreprise titanesque. Mais, l'ensemble des pays africains présente des disparités de développement, certains enregistrant des

---

[14] Avant la déstabilisation du pays, suite à la mort de Kadhafi le 20 octobre 2011.

taux de croissance à deux chiffres, grâce notamment à leurs richesses pétrolières ou à la bonne gouvernance.

Depuis la seconde moitié du 20ème siècle, plusieurs stratégies de développement se sont succédé, élaborées par les Gouvernements, les institutions internationales. Pour des besoins de compréhension, on peut distinguer deux séquences principales : de 1950 à 1980 ; et de 1980 à nos jours.

Les stratégies nationales de développement : échecs et succès

Au cours de la première période, on peut retenir l'expérimentation de trois principales stratégies : d'abord, la stratégie d'industrialisation choisie par les pays souvent nouvellement indépendants à la suite de la décolonisation, avec un rôle central joué par l'Etat dans un contexte marqué par l'opposition entre le bloc de l'Ouest capitaliste et le bloc de l'Est socialiste. L'idée à la base de cette stratégie est que la croissance du secteur industriel aura la vertu d'entraîner l'expansion d'autres secteurs de l'économie du fait du poids ou du progrès technologique du secteur constituant la locomotive. Des penseurs comme Ragnar et Paul Rosenstein-Rodan ou François Perroux et Albert Hirschman ont recommandé d'investir dans toutes les branches industrielles pour les premiers, ou d'investir principalement dans les secteurs moteurs de l'économie (« les pôles de croissance de François Perroux ») pour les seconds.

C'est dans cette période que l'industrialisation par substitution aux importations a vu le jour. Cette stratégie appelée « desarrollisme » de l'espagnol *desarrollo* qui veut dire développement s'est beaucoup répandue en

Amérique latine et théorisée par Raul Prebisch. Elle est pratiquée dans les années 1950 par la plupart des pays en développement, notamment en Amérique latine, en Asie (Corée, Philippines, etc.) et en Afrique (Sénégal, Kenya, etc.). L'effet recherché dans ce type d'industrialisation est d'aboutir à une production industrielle adossée au marché intérieur. D'autres pays comme l'Inde dans les années 1950 et l'Algérie à partir de 1967 font jouer à l'Etat un rôle très fort dans l'orientation des investissements (plans quinquennaux indiens à partir de 1948), se substituant ainsi au marché. Cette option est d'inspiration soviétique. Toutefois, à la fin des années 1970, le bilan de ces stratégies est qu'elles « n'ont pas permis d'obtenir un processus durable de croissance et de développement ; la pauvreté et les inégalités sont toujours fortement présentes »[15]. Cet échec est dû à l'étroitesse du marché intérieur et à la nécessité d'importer des technologies et des biens d'équipement pour assurer l'industrialisation, nécessité qui a entraîné un déficit important de la balance des paiements. Et à partir de 1982, plusieurs pays d'Amérique latine vont connaître ce qu'on a appelé alors la « crise de la dette ».

Mais, il faut signaler qu'une bonne partie des PED suit une autre stratégie d'industrialisation par la promotion d'un développement extraverti en se basant sur l'exportation de leurs ressources naturelles, comme le pétrole et les produits agricoles ou miniers. Le rationnel à la base de ce type d'industrialisation est que les ressources financières tirées de ces exportations permettront d'importer des biens d'équipement pour favoriser l'industrialisation

---

[15] *Cf. Analyse économique et historique des sociétés contemporaines*, Philippe Deubel, Pearson Education, France, 2008.

du pays. Toutefois, cette stratégie s'est avérée contre-productive du fait de la dégradation des termes de l'échange. Les pays qui se sont engagés cependant dans la promotion des exportations en substituant progressivement aux exportations de produits primaires des produits de plus en plus élaborés ont connu des succès. Ce fut le cas de (i) Hong Kong et Singapour dans les années 1950, et de la Corée du Sud et Taiwan dans les années 1950-1970, ces quatre pays devenant les « Dragons asiatiques » ; et (ii) des pays comme le Brésil, le Chili ou le Mexique en Amérique latine.

De façon générale, les réussites sont moins nombreuses que les échecs. C'est pourquoi, dès 1989, Samir Amin parle d'échec des tentatives de développement de l'Afrique[16].

L'interventionnisme des Institutions de Bretton Woods

Face aux échecs des stratégies de développement propres aux PED que la crise de la dette des années 80 révèle au grand jour, les institutions internationales, principalement le FMI et la Banque mondiale, entrent en jeu en proposant les programmes d'ajustement structurel (PAS) assortis de conditionnalités. Ces politiques d'inspiration libérale vont agir à la fois sur la demande interne (consommation, investissement, variation des stocks) et l'offre (système de production), à travers des politiques de stabilisation et l'application de mesures structurelles capables de modifier en profondeur l'organisation économique des PED. C'est l'ensemble de ces mesures structurelles que l'économiste américain James

---

[16] Samir Amin, *La faillite du développement en Afrique et dans le tiers-monde, Une analyse politique*, Editions l'Harmattan, Paris 1989.

Williamson a qualifié de « consensus de Washington » basé sur trois principes de conditionnalité : libéralisation, privatisation et dérégulation.

Mais, « ... *le démantèlement forcé du service public, la réduction des dépenses publiques de santé ou d'éducation imposées par les critères d'équilibre budgétaire provoquent des reculs importants en termes d'alphabétisation ou de mortalité infantile dans les pays d'Afrique. La charge de la dette s'accroît et diminue d'autant les ressources destinées au développement humain de la population. De manière générale, les PAS ont eu des effets bénéfiques dans les pays déjà avancés dans leur développement et qui disposaient d'institutions sociales et politiques stables* »[17].

Lors des crises financières de la fin des années 1990 et du début du troisième millénaire, les pays, y compris ceux jusqu'alors érigés en modèles de développement par les institutions de Bretton Woods (IBW) vont connaître des déboires : le Mexique en 1995, la Russie en 1998, le Brésil en 1999, l'Argentine en 2002 et surtout la Thaïlande, l'Indonésie, la Malaisie et la Corée du Sud en 1997 à la suite de l'écroulement de la monnaie thaïlandaise (le bath) du fait « d'une déréglementation financière trop rapide et incontrôlée ». Joseph Stiglitz, économiste américain, prix Nobel d'économie en 2001 et ancien haut fonctionnaire de la Banque mondiale, estime alors que les IBW ont une conception uniquement libérale du développement à travers ce qu'il appelle le « fanatisme du marché », un modèle, pensent-elles, généralisable à tous

---

[17] *Cf.* Philippe Deubel, opuscule déjà cité.

les pays, quels que soient leur niveau de développement et leurs structures économiques et sociales.

Nouveaux paradigmes

Face aux limites du système libéral, les réflexions s'approfondissent pour placer le développement dans un cadre tenant compte de paramètres jusqu'à présent relégués au second plan. C'est ainsi qu'on procède à un reprofilage du « Consensus de Washington » pour y ajouter des éléments complémentaires : instauration d'une gouvernance dans les entreprises, nécessité de lutter contre la corruption et de créer un « filet de sécurité » à travers la sécurité sociale, la lutte contre la pauvreté (définie comme objectif commun au FMI et à la Banque mondiale en 1999). Ainsi, « *en septembre 1999, le FMI a placé la lutte contre la pauvreté au cœur de ses activités dans les pays à faible revenu, en décidant de remplacer la Facilité d'ajustement structurel renforcée (FASR) par la Facilité pour la réduction de la pauvreté et pour la croissance (FRPC)... Le processus participatif d'élaboration du Document de stratégie pour la réduction de la pauvreté (DRSP) est l'innovation la plus importante de la nouvelle facilité. Tous les pays à faible revenu qui souhaitent obtenir un prêt du FMI ou de la Banque mondiale ou obtenir un allègement de leur dette en vertu de l'initiative en faveur des pays pauvres très endettés (IPPTE) préparent ce document. Les autorités nationales s'appuient à cette fin sur des consultations élargies avec les parties prenantes, dont la société civile et les bailleurs de fonds, plutôt que sur des négociations directes avec les services du FMI ou de la Banque mondiale. L'objectif est d'intégrer l'évaluation de la pauvreté et l'élaboration des moyens de la combattre dans les politiques macro-économiques officielles* » *(FMI-1999). Toutefois, ces aménagements ne remettent pas en cause le fondement ultra libéral du « consensus de Washington* ».

Joseph Stiglitz propose alors d'étendre la notion de développement en y incluant des dimensions non économiques telles que l'accès à la culture, la démocratie, l'éducation, la santé et la réduction des inégalités. Il insiste en particulier sur « *le rôle capital que doit jouer l'Etat dans le développement : nécessité d'institutions représentatives et participatives (y compris remise en cause de l'indépendance politique des banques centrales), complémentarité avec le marché dans la production des biens publics (remise en cause des privatisations)…* »[18].

Amartya Sen, l'économiste indien, introduit une dimension philosophique dans la notion de développement. Pour lui, « *les stratégies de développement doivent non seulement viser la production des revenus et des ressources pour assurer le développement, mais également des "capabilités" (capabilities en anglais), c'est-à-dire que toute personne doit disposer des capacités à pouvoir mener une vie digne et sensée. Cette vie accomplie nécessite l'assurance de certaines "capabilités" fonctionnelles comme pouvoir éviter de mourir de manière précoce, avoir accès à l'éducation secondaire, mais aussi avoir accès à l'étendue des sentiments humains (rire, pleurer...), pouvoir se distraire, etc.* ». Les travaux de Sen seront à la base de la création de l'indicateur de développement humain auquel il a largement contribué. Il estime même que l'un des

[18] *Cf.* Philippe Deubel, opuscule déjà cité.

préalables au développement est la démocratie. Mais, cela est discutable, du fait que certains pays ont réussi leur développement sous des dictatures éclairées (Corée du Sud sous le leadership du Général Park Chung-Hee de 1961 à 1979. *« Sous son régime autoritaire, la Corée du Sud prend son essor économique pour se hisser parmi les vingt pays les plus riches de la planète »*).

Finalement, les stratégies de développement vont s'inscrire dans ce qu'on appelle le développement durable. Cette notion qui prend forme à la conférence de Stockholm en 1972 est remise au goût du jour en 1983 lorsqu'une Commission mondiale pour l'environnement et le développement, créée par l'ONU, publie un rapport intitulé « Notre avenir à tous » qui estime que l'exploitation des ressources naturelles et la dégradation de l'environnement constituent un danger pour les perspectives futures de croissance et de développement. Mais, à y regarder de près, les pays industrialisés sont plus responsables de la dégradation de l'environnement et du changement climatique que les pays en développement. Pourquoi alors soumettre ces derniers à des politiques trop restrictives en vue de réparer les dégâts causés par les pays riches ?

La Communauté internationale est allée plus loin en adoptant en septembre 2000, à New York, la « Déclaration du millénaire » visant un ensemble de 8 objectifs à atteindre à l'horizon 2015 que peu de pays africains ont atteints à l'échéance fixée. C'est pourquoi, comme évoqué plus haut, 17 objectifs connus sous le nom d'objectifs de développement durable (ODD) ont été fixés pour les 15 prochaines années (2015-2030).

Une étude de Simon Johnson, Jonathan Ostry et Arvind Subramanian (« JOS ») publiée en 2010 dans les *Staff*

Papers du FMI, intitulé « *Prospects for Sustained Growth in Africa : Benchmarking the Constraints* » qui avait d'autres objectifs, permet de jeter un regard sur le bilan des stratégies de développement passées. « *Dans les quatre décennies récentes, une douzaine de pays du monde ont enregistré des périodes de croissance rapide et soutenue, et dans l'étude JOS, ces pays dénommés le groupe de pays "SG" (Sustained Growth) – sont le Chili, la République Populaire de Chine, la République Dominicaine, l'Égypte, l'Indonésie, la Corée, la Malaisie, Singapour, Taiwan Province de Chine, la Thaïlande, la Tunisie et le Vietnam* ».

Dans leur analyse, les auteurs ont aussi réparti les pays africains en deux groupes : 19 pays sont recensés dans un premier groupe (*GSSA* pour *Growing SSA*), qui sont un groupe hétéroclite (de pays grands ou petits ; côtiers, insulaires ou enclavés ; producteurs ou non de pétrole ; de traditions linguistiques variées ; au nord, sud, est et ouest du continent) comprenant l'Angola, le Botswana, le Burkina Faso, le Cameroun, le Cap Vert, le Tchad, la Guinée Equatoriale, l'Ethiopie, le Ghana, la Guinée, le Lesotho, le Libéria, le Mali, Maurice, le Mozambique, le Rwanda, le Soudan, la Tanzanie, et l'Ouganda. Ceux-ci ont eu une croissance moyenne du PIB par tête supérieure à 2 pour cent au cours de la décennie précédant l'étude (1996 – 2005). Un dernier groupe comprend ceux des pays d'Afrique au sud du Sahara qui ne remplissent pas ces conditions, dont Madagascar »[19]. Pour les pays de l'Afrique subsaharienne, la croissance n'a objectivement pas été suffisante pour diminuer de façon significative la pauvreté.

---

[19] *Cf.* Madagascar : Economic Update, October 2012, The World Bank Group – Antananarivo Country Office.

CHAPITRE DEUX

POURQUOI CERTAINS PAYS SONT RICHES ET D'AUTRES PAUVRES ?

C'est la question à laquelle a tenté de répondre le Professeur Mancur Olson, de l'Université du Maryland, aux Etats-Unis d'Amérique, au cours d'un Atelier international, sur les infrastructures rurales organisé par la Banque Mondiale du 19 au 23 mai 1997, à Washington DC.

La thèse soutenue par Olson remet en question certaines idées véhiculées dans la théorie économique fondant par exemple le développement sur l'abondance de ressources naturelles. C'est le cheminement de sa pensée que nous allons essayer de reproduire ici.

Généralement, il est admis que le sous-développement serait dû à trois types de pénuries ou d'insuffisances, qui constituent autant de facteurs de blocage dans la mise en mise œuvre des politiques de développement des pays pauvres.

D'abord, il y aurait une insuffisance de ressources naturelles. Cela se vérifierait notamment par le ratio du nombre d'habitants très élevé par rapport aux ressources naturelles rares. Ce point de vue s'appuie notamment sur l'exemple des pays asiatiques particulièrement peuplés.

Ensuite, la deuxième contrainte résiderait dans le fait que l'épargne interne est très faible dans les pays en développement (5 % de leur PIB) ; les capitaux sont donc rares.

Enfin, le dernier handicap serait le manque de ressources humaines et de savoir-faire, sans compter certaines attitudes culturelles et religieuses qui seraient un frein au développement économique. C'est ainsi qu'à un moment donné on a estimé que des religions comme l'hindouisme ou le bouddhisme seraient défavorables au développement.

La clé du développement consiste donc à mettre suffisamment d'inputs dans les pays en développement pour les amener à connaître presque mécaniquement la croissance économique.

Toutefois, selon Olson, à y regarder de près, les facteurs ci-haut énumérés ne résistent pas beaucoup à une analyse approfondie des vraies raisons de l'incapacité de certains pays du tiers-monde à créer suffisamment de richesses pour répondre aux besoins des populations.

La thèse du surpeuplement est valable pour les pays asiatiques, mais pas pour certains pays d'Afrique et d'Amérique Latine où l'on constate plutôt un sous-peuplement évident dans maintes régions.

Ensuite, il faut se rappeler que le nombre d'habitants au kilomètre carré est plus élevé en Allemagne qu'en Inde, le deuxième pays le plus peuplé au monde.

Quant aux potentialités économiques naturelles, on ne peut pas non plus expliquer le développement du Japon, de Taiwan ou de l'Allemagne par l'abondance de ressources naturelles.

Il reste le manque de capitaux, l'insuffisance de l'épargne intérieure qui constituerait un frein au développement. Mais il s'agit là de deux facteurs qui ne sont pas donnés naturellement ; et on ne peut pas forcer les pays du tiers-monde à épargner au-delà de leur capacité pour financer le développement économique et social.

En affinant l'analyse, on peut même dire qu'en admettant l'insuffisance de ressources financières propres, on peut se poser la question de savoir pourquoi les capitaux ne se dirigeraient-ils pas vers les lieux où, manifestement on en a le plus besoin ?

En effet, les capitaux sont à la recherche de places où leur rentabilité serait la plus élevée possible. Pourtant, les détenteurs de capitaux cherchent toujours à les investir sur les marchés financiers de New York, Tokyo ou Londres, c'est-à-dire des places qui connaissent déjà une abondance de ressources financières, voire même une certaine saturation.

Pourquoi ne s'orienteraient-ils pas vers les lieux où il y a l'insuffisance de capitaux, c'est-à-dire les pays sous-développés au lieu de chercher des opportunités de placement sur des places financières saturées ?

Il s'agit d'immenses capitaux se chiffrant à quelque 10.000 milliards de dollars américains dont les pays en développement (PED) ont cruellement besoin pour financer leur équipement économique et social.

La troisième série de facteurs qu'il faut examiner avec un esprit critique, ce sont les ressources humaines, la compétence du capital humain dont les PED seraient dépourvus.

Pour ce faire, nous allons considérer les frontières entre les pays comme critère de test. On constate qu'un pays moins développé peut avoir des frontières communes avec un pays plus développé. C'est le cas du Mexique et des Etats-Unis d'Amérique, des deux Corées ou des deux Allemagnes avant la réunification.

Pourquoi des pays aussi mitoyens connaîtraient-ils des niveaux de vie autant dissemblables, des capacités humaines et des technologies aussi différentes ?

En considérant les frontières nationales, on se rend compte que l'Allemand gagne dix fois plus de revenus que le Haïtien. Le premier vit dans un pays économiquement prospère et performant, le second dans un pays très pauvre.

Pourtant dès que les deux franchissent leurs frontières respectives et se retrouvent aux Etats-Unis d'Amérique, la différence entre leurs revenues s'amenuise comme par miracle. Le Haïtien gagne aux Etats-Unis plus de la moitié du revenu de l'Allemand.

En passant donc la frontière, la productivité du Haïtien devient extrêmement élevée. Le différentiel de revenu entre les deux personnes lorsqu'elles sont dans leurs pays d'origine ne peut donc pas s'expliquer uniquement par la différence de compétence, de savoir-faire et de niveau de formation.

Ainsi passés en revue, Olson pense que les trois facteurs cités plus haut ne résistent pas à l'examen critique qui vient de leur être appliqué.

Il faut donc se résoudre à reconnaître que le principal déterminant de la richesse ou de la pauvreté des nations réside dans la manière dont elles sont gouvernées, la cohérence de leurs institutions avec les politiques définies et la politique mise en vigueur.

Ce n'est donc pas la pénurie de ressources humaines compétentes qui serait le seul nœud gordien, puisque l'exemple du Haïtien prouve que ce sont les institutions et la clarté des règles du jeu qui permettent un décuplement des performances de la main-d'œuvre.

C'est encore moins le manque de ressources naturelles, les exemples du développement spectaculaire du Japon, de Taiwan et de la Corée venant infirmer cette thèse. On peut citer aussi le cas de la Guinée qui regorge de ressources naturelles, mais qui, en 60 ans d'indépendance, est incapable d'opérer son décollage économique. En effet, la Guinée est un pays généreusement doté par la nature du fait de son potentiel hydrologique, agricole et minier (bauxite, fer, or, diamant, titane, calcaire, uranium, manganèse, graphite, etc.). Le pays possède les premières ressources mondiales de bauxite évaluées à 50 milliards de tonnes, ce qui lui assurerait 25 siècles de production au rythme de 20 millions de tonnes par an. En plus, le pays recèlerait des gisements de pétrole, objets actuellement de recherches avancées.

Le manque de capitaux dans les PED peut être compensé par l'attrait qu'exercerait la bonne gouvernance sur les immenses capitaux qui sont en quête de placements rentables. S'ils réussissent à mobiliser seulement une partie de ces capitaux, les pays en développement n'auraient plus besoin des ressources financières de la Banque Mondiale.

La tâche des élites intellectuelles et des institutions internationales comme le Fonds monétaire international, la Banque Mondiale et la Banque africaine de développement, c'est de faire en sorte que la gouvernance en termes de rigueur, de transparence et d'équité, devienne de moins en moins mauvaise dans les pays en développement.

Une fois que cette condition sine qua non est remplie, les capitaux étrangers viendront naturellement, les capacités humaines et institutionnelles s'épanouiront librement et le manque éventuel de ressources naturelles pourrait être transformé en avantage.

L'environnement politique et institutionnel est donc très important dans la performance d'une économie donnée. C'est un tel cadre que les gouvernements doivent créer et animer en s'engageant résolument dans le processus du développement, toutes choses qui font défaut dans la plupart des PED.

La création d'un environnement institutionnel permet à chaque agent économique de réaliser son plein épanouissement et assure à chacun une garantie de recherche d'opportunités.

Au demeurant, l'Etat doit créer un environnement compétitif pour les opérateurs économiques, privés et publics. Et pour gagner la bataille du développement en un temps record, un engagement ferme et résolu du leadership dans l'obtention des objectifs est indispensable. Il doit jouer un rôle de catalyseur et de facilitateur du développement et faire preuve d'une grande ambition.

C'est du moins la grande leçon que les séminaristes réunis à Kampala du 15 au 18 décembre 1997 autour de la question « *States and Markets : What can we learn from Asia ?* » ont tirée des expériences de la Corée et de la Malaisie. L'implication directe du leadership dans le processus de l'industrialisation de ces pays a été une garantie de succès.

Naturellement, aucune expérience aussi performante soit-elle dans un pays donné n'est transposable littéralement dans aucun autre pays. De ce fait, les principaux facteurs de la croissance rapide des pays du sud-est asiatique ne peuvent constituer qu'une source d'inspiration enrichissante pour les pays africains confrontés au difficile problème du développement dans un contexte économique international marqué par la crise. Ils doivent en tirer le meilleur parti en se dotant d'institutions fortes et en consolidant les paramètres de l'Etat de droit, créant ainsi un environnement favorable à l'épanouissement du secteur privé qui est appelé à jouer un rôle de locomotive dans le développement économique et social.

Cette tendance se remarque déjà dans certains pays africains au sud du Sahara qui bénéficient d'une sorte de « prime à la bonne gouvernance ». C'est le cas du Ghana et du Cap-Vert qui du fait de la stabilité des institutions et de l'ancrage de l'alternance démocratique à la tête de l'Etat ont bénéficié ces dernières années d'un afflux considérable de ressources financières leur permettant de se doter d'infrastructures socioéconomiques robustes.

CHAPITRE TROIS

POURQUOI LA GUINEE DEMEURE-T-ELLE UN PAYS PAUVRE ?

La Guinée dispose d'atouts que d'autres pays pourraient envier, tant son potentiel en ressources naturelles est grand.

Les ressources naturelles du pays sont abondantes et constituent de véritables ingrédients pour le développement socioéconomique du pays. En effet, la Guinée présente cinq atouts naturels majeurs dont l'exploitation aurait pu permettre au pays, depuis longtemps, d'être parmi les pays à revenu intermédiaire. Il s'agit de son potentiel minier, énergétique, hydrologique, agricole, et de l'ouverture du pays sur la mer.

Le potentiel minier[20] est immense. Les principales ressources minérales sont la bauxite (le pays détient les 2/3 des gisements de bauxite du monde), le minerai de fer, l'or et le diamant. Cette énumération est loin d'être exhaustive du fait que toutes les richesses minières ne sont pas encore répertoriées de façon complète.

Le potentiel énergétique est fabuleux. Selon des estimations effectuées entre 1978 et 1989, il existe 129 sites potentiels de barrages hydroélectriques dont les

---

[20] *Cf.* Revue de la Chambre des Mines de Guinée, Register 2006, Millésime 2007, République de Guinée. *Cf.* Journal de l'Economie guinéenne, n° 18/19, janvier 2005.

principaux se situent sur les cours d'eau suivants : Konkouré, Cogon, Bantala, Kakrima, Fétoré, Kaba, Soukoudoukoura, Bafing, Dundouko, Kokoulo, Komba, Mamou, Sankarani, Niger, Niandan, Lolo et Diani.

La pluviométrie constitue l'un des atouts majeurs du pays. En effet, la Guinée se caractérise par une pluviométrie abondante estimée annuellement à près de 400 milliards de m^3 avec environ 350 milliards de m^3 qui se partagent entre le ruissellement, l'évaporation et l'infiltration.

Le potentiel foncier est évalué à 364 000 ha de terres aménageables qui se prêtent à une grande variété de cultures. Il est favorisé par l'existence de nombreux cours d'eau et d'une végétation variée et riche.

Enfin, le dernier atout réside dans le fait que la Guinée est un pays côtier avec une ouverture maritime d'une longueur de 300 km où ont été construits trois ports minéraliers à Kamsar, Conakry et Benty, un port marchandise et un port de pêche à Conakry.

En dépit de ce fort potentiel naturel, le pays ne parvient pas à concrétiser son véritable décollage économique pour enfin se hisser à un niveau de développement conséquent. Cela aurait permis aux populations guinéennes de jouir d'une qualité de vie bien meilleure à celle qu'elles connaissent aujourd'hui.

« *Ainsi, l'exploitation minière ne s'est pas soldée par un progrès économique et social conséquent ; la disponibilité des terres cultivables et de l'eau n'a pas permis d'atteindre l'autosuffisance alimentaire ; le potentiel énergétique n'a pas généré de production d'électricité suffisante pour desservir les foyers et promouvoir l'industrialisation du pays ; le port autonome de Conakry ne s'est pas suffisamment développé pour s'imposer dans la sous-région comme une voie de recours pour les importations et exportations des pays enclavés tels que le Mali et le Burkina Faso »*[21].

« La transformation des potentialités naturelles en richesses matérielles se heurte à plusieurs contraintes dont les principales sont l'insuffisance de production énergétique et la faible productivité agricole, le faible niveau des ressources humaines et, aussi et surtout, la mauvaise gouvernance »[22].

La mauvaise gouvernance financière a atteint des niveaux élevés pendant la période de la transition militaire, de 2008 à 2010. Au cours de cette période, les marchés conclus sur ententes directes représentaient 91 % de la totalité des marchés publics, et la proportion des dépenses extrabudgétaires s'est établie à 80 % du budget en 2010[23]. Le cumul des montants des marchés de gré à gré passés au cours de ces deux années représente près de 13 000 milliards de francs guinéens (2,2 milliards de $), soit environ 44 % du PIB[24]. Le Gouvernement ne respectait aucune règle de procédure normale dans la dépense publique. L'isolement du pays pendant cette période d'exception à cause des sanctions se conjugue avec la suspension des aides extérieures, toutes choses qui ont conduit au renchérissement de la vie.

---

[21] *Cf.* Mamadi Camara, *Où va la Guinée ?*, Editions l'Harmattan, Paris, juin 2010.

[22] *Cf.* Mamadi Camara, opuscule déjà cité, page 19.

[23] *Cf.* Guinée, Rapport d'évaluation du programme d'appui aux réformes économiques et financières (PAREF), Banque africaine de développement, mars 2011.

[24] *Cf.* Guinée, Document de stratégie pays 2012-2016, Banque africaine de développement, préparé par ORWB.

De façon générale, l'évolution économique de la Guinée au cours des dernières décades s'est caractérisée par des performances économiques en dents de scie, avec des périodes de « *croissance économique potentiellement réductrice de la pauvreté et des périodes de crise économique plutôt aggravantes de la pauvreté* »[25].

L'étude phare de la BAD : « *Infrastructures et Croissance en Guinée* »[26] (validation en novembre 2011) avait identifié six éléments de fragilité dont certains sont encore d'actualité. Ces éléments sont :(i) la multiplication des conflits dans la sous-région (Côte d'Ivoire, Guinée Bissau, Libéria et Sierra Leone) ; (ii) le haut niveau de corruption ; (iii) la situation de l'emploi ; (iv) les problèmes liés au trafic de la drogue dans la sous-région ; (v) les inégalités de revenu ; et (vi) l'insécurité alimentaire. A ces éléments de fragilité, il faut ajouter d'autres, non moins importants, à savoir : (i) la discorde qui caractérise les relations entre le Gouvernement et les partis de l'opposition, surtout lorsqu'il s'agit de fixer les dates et les modalités des élections. Ces tensions aboutissent souvent à des manifestations de rue génératrices de violence et d'instabilité ; (ii) la faible diversification de l'économie ; et (iii) le déclenchement de l'épidémie à virus Ebola en 2014, une maladie à taux de létalité très élevé.

La stabilité retrouvée dans la sous-région, notamment en Côte d'Ivoire et au Libéria, ainsi que la restauration de la confiance de la part des partenaires techniques et

---

[25] Cf. Pauvreté et inégalités en Guinée de 1994 à 2012, Analyse à partir d'enquêtes auprès des ménages, Ministère du Plan, Direction nationale du Plan, juillet 2012.

[26] *Cf.* Guinée : Document de stratégie pays 2012-2016, préparé par ORWB, Banque africaine de développement, 26 janvier 2012.

financiers créent un environnement favorable à la reprise économique. Sur le plan interne, les réformes en cours depuis l'avènement de la 3ème République vont dans la bonne direction. Par exemple, on assiste à une gestion budgétaire et monétaire plus rigoureuse. En matière de justice, des mesures très encourageantes ont été prises, notamment : (i) la mise en place du Conseil Supérieur de la Magistrature ; (ii) le Statut particulier des Magistrats (qui devrait les mettre à l'abri de la corruption) ; (iii) la fixation des critères pour la nomination, l'affectation et la promotion des Magistrats ; (iv) le renforcement de la chaîne pénale ; et (v) la création de la Direction nationale de l'accès au droit et à la Justice.

En outre, l'apurement en cours du fichier de la Fonction publique qui a permis de détecter 5 000 fonctionnaires fictifs [27], et l'amélioration du contrôle des recrutements ont fait faire des économies substantielles au budget de l'Etat.

Toutefois, les défis demeurent les mêmes :

- Comment donner à l'économie une vitalité capable de créer suffisamment d'emplois et de richesses afin de hisser le pays à un niveau de prospérité auquel ses ressources naturelles lui donnent droit ?
- Comment transformer les immenses potentialités du pays en richesses matérielles dont bénéficieraient toutes les populations ?
- Comment transformer les quatre atouts identifiés plus haut qui sont de véritables dons de la nature et des atouts économiques incomparables en prospérité pour le pays ?

---

[27] *Cf.* Guinée, DSP 2012-2016, opuscule déjà cité.

CHAPITRE QUATRE

LE SYNDROME DE LA PAUVRETE EN GUINEE

L'Afrique a fait des progrès au cours de la dernière décennie. Globalement, selon les sources disponibles, le continent a connu un taux de croissance de son PIB de l'ordre de 5 % en moyenne par an entre 2003 et 2013. Toutefois, cette performance basée principalement sur l'économie extractive et le développement des services n'a pas profité à la majorité de la population, les revenus tirés du pétrole et des mines profitant d'abord aux gouvernants et aux compagnies étrangères. Ainsi, l'effet de cette accélération de la croissance a été très faible sur les couches les plus démunies de la population. La pauvreté n'a pas reculé de façon significative.

En effet, en Afrique, le pourcentage de la population vivant avec moins de 1,25 dollar par jour a baissé seulement de 56,5 % en 1990 à 48,5 % en 2010. Parallèlement, l'Asie du Sud a vu son taux de prévalence de la pauvreté diminuer jusqu'à 31 % pendant la même période, tandis que l'Asie de l'Est et le Pacifique a atteint 12,5 %, l'Amérique latine et les Caraïbes à 5,5 % ; et l'Afrique du Nord et le Moyen-Orient à 2,4 %[28].

---

[28] *Cf.* La croissance pour tous, c'est possible, *in* Jeune Afrique n° 2765 du 5 au 11 janvier 2014.

Sous l'effet d'une croissance démographique de 3,1 % par an, la population guinéenne est estimée en 2016 à environ 11,319 millions d'habitants, dont 52 % de femmes et 48 % d'hommes. Sur cette population, 55,2 % vivent en dessous du seuil de pauvreté contre 43 % en 1996[29]. Le seuil de pauvreté fixé à 8.815 GNF (Nouveau Franc guinéen)[30] par personne et par jour au prix de 2012, le nombre de pauvres au cours de la période est passé de 4 millions à 6,2 millions[28]. Ainsi, la pauvreté a tendance à s'aggraver sur les 15 dernières années.

Le phénomène de la pauvreté est concentré en milieu rural du fait que la population vivant en dessous du seuil de pauvreté y est de 63 % contre 31 % en zone urbaine. Mais, ces chiffres ne rendent pas compte des drames qui se jouent dans le quotidien des populations, surtout dans les campagnes. Derrière ce rideau de chiffres se cache une véritable dramaturgie de la pauvreté.

Il suffit d'examiner un certain nombre d'indices dans le vécu des habitants des villes et des campagnes pour réaliser la gravité de leur situation.

Habitats précaires, promiscuité, santé et faiblesse des revenus

Dans les villes

Le manque de latrines suffisantes pour tout le monde dans les villes rend l'hygiène très précaire dans certaines

---

[29] Cf. L'Enquête Légère pour l'Evaluation de la pauvreté (ELEP) en 2012, Ministère du Plan et de la Coopération internationale.

[30] Il faut 9.000 Nouveaux Francs Guinéens pour 1 dollar US en 2017.

[28] *Cf.* Pauvreté et inégalité en Guinée 1994-2012, Analyse à partir des enquêtes auprès des ménages (Version préliminaire), Ministère du Plan, Institut National de la Statistique, juin 2012.

maisons. La promiscuité qui y règne met à rude épreuve le respect de la pudeur entre père et enfants et entre frères et sœurs. Mais, quand on est pauvre, on s'accommode de toutes ces situations sans rechigner du fait qu'il faut vivre avec les moyens dont on dispose, aussi maigres soient-ils.

Dans la banlieue de Conakry, j'ai constaté lors d'une visite dans le quartier de Bonfi qu'un homme d'une soixantaine d'années vit avec son épouse et ses 11 enfants (trois garçons et huit filles) dans un deux-pièces. Deux vieux fauteuils tiennent lieu de mobilier et servent de lit pour certains enfants à la tombée de la nuit. Un rideau délavé et déchiré est suspendu à la porte d'entrée. Lorsque la nuit tombe et que le sommeil s'empare de ce petit monde, les uns et les autres dans leur moment de réveil voyaient des scènes dont ils se passeraient volontiers dans des circonstances normales. Mais, que faire quand on est pauvre ?

La faiblesse des revenus des ménages ne leur permet pas de disposer de certaines commodités élémentaires telles qu'un lit et un matelas confortables, un habitat où il existe une séparation des chambres par sexe. En outre, les ménages pauvres éprouvent les pires difficultés à obtenir et payer certains services dont ils bénéficient. L'offre d'électricité ne couvre pas les demandes des populations de la capitale et il s'en suit des délestages de longue durée. Mais, cette famille n'a pas accès au courant électrique au cours des rares périodes où il est disponible. De plus, l'eau est stockée dans des bidons ou des seaux.

La pauvreté impacte négativement sur la santé de la population, en la rendant incapable de faire face aux dépenses liées à la santé.

Ainsi, à titre d'illustration de pareilles situations, j'ai assisté au CHU de Donka, à Conakry, à une scène reflétant des difficultés de paiement des services hospitaliers par certains ménages. En effet, un homme et son épouse ont accompagné leur bébé à l'Institut national de santé de l'enfant (INSE) pour des soins. Dans l'incapacité de payer les honoraires du médecin et les médicaments prescrits après la consultation, c'est le médecin qui non seulement n'a pas réclamé de frais de consultation, mais a offert de l'argent aux parents pour payer l'ordonnance qu'il a lui-même établie, faisant ainsi preuve d'une charité qui n'est malheureusement pas reconnue.

Dans les villages

En Haute Guinée, dans un village situé à 85 km de Kankan, j'ai constaté des faits qui en disent long sur l'état de pauvreté des populations rurales.

Dans ce village, l'habitat se présente sous la forme d'une case en banco couverte de pailles. Le mobilier à l'intérieur est très sommaire. Il se réduit généralement à un lit avec un matelas fourré de pailles, et quelques tabourets ou exceptionnellement des chaises. Les plus démunis (ils sont les plus nombreux) se contentent d'un lit en banco (*bili* en malinké) surmonté de matelas de paille. La porte arrière de la case donne généralement sur « la salle de bain », un espace entouré d'une clôture de paille à l'air où l'on se lave avec un seau d'eau. Qu'il fasse chaud ou froid, c'est cet endroit découvert qui sert de salle de bain. Le froid hivernal est cependant rude parfois en décembre et janvier dans certaines contrées de la Haute Guinée.

Même si depuis un certain nombre d'années, quelques maisons couvertes de tôles apparaissent dans le village, les cases dominent encore largement.

Pour éclairer leurs cases la nuit, les paysans utilisent soit les lampes tempête, soit les lampes médiévales (*Fitinan* en malinké). Les torches venues de Chine ont encore de beaux jours devant elles, leur usage dans les grandes villes et les villages de la Guinée étant courant en ce début du 21ème siècle.

Dans ce tableau général, les enfants vivent dans des conditions très précaires. Victimes sans aucun doute de malnutrition, ils sont maigres et leurs ventres proéminents, leurs cheveux sont roux comme la couleur de la poussière. La plupart d'entre eux ne portent pas de chaussures, et sont vêtus de tenues en partie déchirées, très usées et sales. Des enfants avaient le rhume et la toux, mais ne recevaient pas de soins. Comment les gens faisaient-ils quand il y avait un cas de maladie grave dans le village ? Le patient est transporté à vélo ou à moto jusqu'à la sous-préfecture située à 10 Km où il existe un centre de santé. Comme il n'y a pratiquement pas d'autres moyens de transport au village, le risque est grand de transporter un patient atteint d'une maladie grave à l'aide de ces deux moyens de locomotion sur une telle distance.

Ces déserts médicaux ne sont pas propres aux villages. Ils sont très répandus en Guinée. De façon générale, la vétusté des équipements médicaux dans les hôpitaux pousse les patients qui en ont les moyens à aller dans les cliniques ou cabinets médicaux de Conakry dont la plupart sont des « mouroirs » ; ou, pour les plus nantis, au Sénégal ou dans les pays du Maghreb pour se faire soigner.

EBOLA : DE LA CRISE SANITAIRE A LA CRISE ECONOMIQUE ET SOCIALE

La première personne contaminée par le virus, « patient zéro », serait un enfant de 2 ans décédé le 6 décembre 2013, quelques jours après être tombé malade dans un village de Gueckédou, en Guinée Forestière. Et une semaine plus tard, le virus aurait tué tous ceux qui ont eu des contacts avec lui : sa mère, sa sœur de 3 ans et sa grand-mère. Depuis le déclenchement de l'épidémie à virus Ebola en Guinée en décembre 2013, le pays a payé un lourd tribut à la maladie, avec 2 544 décès sur 3 678 cas enregistrés, soit un taux de létalité de 65 %. La quasi-totalité des régions sanitaires (7/8) et des districts sanitaires (31/38) ont été touchées par la maladie à virus Ebola. La Guinée a été déclarée « *Ebola free* » le 31 août 2016.

L'éclatement de la maladie a mis à nu la faiblesse des infrastructures sanitaires dans le pays pour faire face à une telle maladie qui a pris tout le monde de court, et montré notamment le manque d'hôpitaux de grand standing, de laboratoires de recherche bien équipés, de moyens logistiques en quantité suffisante, d'équipements dans les structures hospitalières. Il a montré également la faiblesse de personnel médical qualifié. En plus, l'analphabétisme, les coutumes, notamment en matière de rites funéraires ont été des facteurs de dissémination de la maladie.

Mais, au-delà de sa nature de crise sanitaire, l'épidémie à virus Ebola est en train de devenir une crise économique et sociale aux effets imprévisibles sur l'évolution économique de la Guinée. Selon les estimations de la Banque mondiale, il est attendu une perte d'un à deux points de pourcentages du taux de croissance du PIB, initialement projeté à 4,5 % en 2014. De la même manière, les progrès réalisés dans la lutte contre l'inflation dont le taux était à un chiffre risquent de s'inverser, avec une hausse probable des prix de certaines denrées alimentaires, telles que le riz. Les perturbations des activités agricoles dans les zones affectées par l'épidémie et la fermeture des frontières avec certains pays vont contribuer à la rareté de certains produits sur les marchés et une perte de revenus pour les commerçants. Qui plus est, l'interruption de la desserte de la Guinée par la plupart des compagnies aériennes, le départ des investisseurs, notamment dans les secteurs minier et industriel auront des conséquences néfastes sur l'emploi, la mobilisation des ressources fiscales, le tourisme (le taux de remplissage des hôtels a baissé jusqu'à

10-15 %), et les investissements proprement dits (les investisseurs potentiels préfèrent attendre l'après-Ebola). Enfin, il faut noter que l'épidémie a créé un effet d'éviction, obligeant le Gouvernement à repenser sa stratégie de lutte contre la pauvreté en considérant comme priorité des priorités l'éradication de l'épidémie.

La communauté internationale s'est mobilisée pour venir en aide à la Guinée, afin que le pays arrive à contrôler la maladie et, ainsi, réduire ses effets néfastes sur son évolution socioéconomique. Il est donc impératif de saisir cette opportunité pour utiliser rationnellement les donations de toute nature pour non seulement maîtriser l'épidémie, mais aussi améliorer les infrastructures sanitaires existantes et construire celles qui font défaut. C'est l'occasion d'outiller de façon durable le secteur de la santé, afin qu'il soit en mesure de faire face à toute éventualité de ce genre dans le futur.

Sources : Magazine Espoir 13 Banque mondiale et Recherches personnelles de l'auteur.

Dans les villages, le régime alimentaire très peu varié a des conséquences néfastes sur la santé de la population, notamment les enfants. La nourriture se résume le plus souvent à des plats de riz accompagnés d'une sauce si claire qu'on peut y voir sa propre image et qui, selon toute vraisemblance, ne peut contenir les éléments nutritifs nécessaires pour une croissance saine des enfants, les légumes et la protéine animale faisant souvent défaut. Parfois, le repas se limite au simple « to » dans certaines parties de la Haute-Guinée, un repas à base de fonio et de farine de manioc qui se mange généralement avec la sauce gombo. Le manque d'alimentation variée pour les tout petits enfants pousse les mères à prolonger l'allaitement de leurs bébés jusqu'à l'âge de 2 à 3 ans. Cela conduit à une croissance très ralentie des enfants qui pour la plupart présentent beaucoup moins que leurs âges.

Depuis des décennies, les statistiques officielles nous disent qu'une femme fait en moyenne 5,6 enfants en Guinée. Cette moyenne cache la réalité. En effet, on constate que la procréation demeure encore débridée dans les villages, une femme peut faire jusqu'à 7 ou 8 enfants. Ces maternités fréquentes agissent négativement sur la santé de la mère et de l'enfant. Les mères vivent en général dans la même case que leurs enfants garçons et filles, dont certains dorment sur des nattes étalées à même le sol, faute de moyens pour pouvoir construire une autre case.

La faiblesse des revenus conduit à la solidarité des paysans. En effet, dans un village, il est de coutume que ceux qui ont perdu les leurs reçoivent les condoléances des habitants des villages environnants. Le jour des obsèques d'un disparu, les délégations arrivent. Après les bénédictions d'usage pour le repos de l'âme du défunt, le chef de chaque délégation déclare la contribution de son village. En 2005, certains villages offraient ainsi 2000 FG à 5000 FG (1 dollar US = 9015 GNF sur le marché parallèle, date de valeur août 2017), comme contribution, ces montants résultant des cotisations des habitants des chefs de famille d'un village donné. Ces contributions n'atteignaient donc pas un dollar. Mais, dans ce climat de dénuement complet, ce que la famille éplorée appréciait le plus, c'était le fait que ces délégués parcouraient, très souvent à pied, des kilomètres pour venir partager le chagrin de la famille du disparu. La pauvreté, c'est donc aussi le manque criant de numéraire par les populations rurales.

Les faibles revenus imposent encore aux paysans la marche pour se rendre aux champs, même si dans les régions minières de la Haute Guinée, les motocycles sont de plus en plus nombreux avec cependant des accidents, parfois mortels.

Pour se rendre au champ, la majorité des paysans parcourt encore des kilomètres à pied. Les femmes, elles, vont généralement à pied. Qui plus est, elles sont encore astreintes au dur labeur domestique, notamment piler du riz, du manioc séché, du mil, du maïs, etc. Les petits moulins à piler ont commencé à faire leur apparition dans certains villages. Mais, la disparition des coups de pilons n'est pas encore une réalité généralisée, faute de moyens financiers et d'organisation.

Scolarisation menacée en Haute Guinée

L'autre fait marquant est la faible scolarisation des enfants des villages de la Haute Guinée, la majeure partie de ceux-ci étant employés dans les travaux champêtres pour contribuer à l'alimentation de la famille. Il en résulte que l'école est déserte la plupart du temps.

A titre d'exemple, j'ai découvert dans ce village situé dans la sous-préfecture de Sabadou-Baranama l'histoire d'une petite fille du nom de Sogbè d'une dizaine d'années ou peut-être un peu moins. Très gentille et polie, elle était chargée par sa maman de la surveillance de sa petite sœur âgée d'environ un an lorsque le père et la mère se rendaient au champ. *Baby-sitter* de fortune, elle était donc condamnée à ne pas aller à l'école rien que pour s'occuper de la benjamine.

L'école du village a un seul maître qui prend beaucoup de liberté dans l'exercice de sa fonction d'éducateur, du fait qu'il s'absente très souvent de l'école. En effet, l'enseignant se rend à Kankan auprès de sa famille qui y réside pour des séjours prolongés de deux semaines sur quatre. Le manque d'autorité de la hiérarchie fait que le moniteur dispense ses cours quand il veut. L'absentéisme des maîtres est très courant même dans les zones urbaines, y compris la capitale Conakry.

Qui plus est, avec l'exploitation artisanale anarchique des mines d'or dans certaines régions de la Haute Guinée, notamment à Siguiri, les parents déscolarisent purement et simplement leurs enfants pour les envoyer à la recherche de l'or. Ce phénomène qui se généralise a des conséquences très graves, notamment sur la santé des orpailleurs eux-mêmes, l'environnement, les ressources naturelles et sur le plan social. En effet, l'exploitation artisanale « contribue au déboisement et à la déforestation, la dégradation des sols, à la pollution de l'air par la poussière et le monoxyde de carbone, du sol et de l'eau par les huiles usagées des moteurs et les produits chimiques (les piles usagées abandonnées au fond des puits contenant du manganèse ou du plomb), la perte de la biodiversité, la détérioration du paysage, etc. ». Elle peut également entraîner les maladies respiratoires et des accidents souvent mortels dans les puits. L'une des conséquences est la déscolarisation des enfants condamnés à ne pas s'instruire. On assiste aussi à l'abandon des champs au profit des mines d'or, ce qui contribue à retarder l'autosuffisance alimentaire à laquelle le pays aspire depuis son indépendance. Enfin, il faut remarquer que sur le plan social, on assiste à une dépravation des mœurs sur les sites d'exploitation, contribuant ainsi à y propager les maladies sexuellement transmissibles.

Ces pratiques auront des conséquences désastreuses sur l'avenir de la Guinée si des politiques et stratégies appropriées ne sont pas mises en œuvre. En effet, la première ressource pour une nation qui veut relever les défis du développement est le capital humain. Si la Guinée est distancée sur ce plan par les autres pays du continent, elle pourra difficilement s'en relever. Car le retard sera trop grand à combler pour atteindre le niveau que les autres pays africains auront atteint pour avoir investi des moyens techniques, financiers et matériels plus importants dans l'éducation. Tous les pays émergents se sont appuyés sur des ressources humaines de qualité pour hisser leur développement à un niveau supérieur. Les ressources naturelles, aussi abondantes soient-elles, ne sont rien s'il n'y a pas de main-d'œuvre qualifiée pour les transformer.

La pauvreté est une tragédie humaine, un handicap qui freine ou empêche l'épanouissement de ceux ou celles qui en sont frappés. Pour extirper de la trappe de la pauvreté plus de la moitié de la population guinéenne, les pouvoirs publics doivent améliorer le système éducatif, renforcer les infrastructures que requiert la vie dans un pays moderne : l'eau potable et l'électricité, l'assainissement, l'intéressement des populations au travail de la terre, une meilleure organisation de l'exploitation minière artisanale (l'or), les centres de santé mieux équipés, des habitats modernes, des routes praticables en toute saison, le développement des télécommunications, etc.

Les différents symptômes de la pauvreté en Guinée et les principales faiblesses dont souffre le pays donnent une indication de la stratégie à mettre en place pour accélérer le développement économique et social du pays, en s'appuyant sur des piliers devant soutenir celle-ci.

CHAPITRE CINQ

STRATEGIE DE TRANSFORMATION DE LA GUINEE

Pendant 60 ans, le développement de la Guinée s'est appuyé essentiellement sur l'économie extractive. Cependant, l'exploitation des mines n'a pas réussi à hisser la Guinée à un niveau de développement auquel ses immenses ressources naturelles lui donnent droit. Pendant 58 ans (1958-2016), le pic du taux de croissance n'a jamais atteint les 6 % fixés lors de l'élaboration de « Guinée, Vision 2010 » en 1996. Pire, la pauvreté s'est aggravée avec un taux de prévalence passant de 43 % en 1996 à 55 % en 2012[31].

Il est donc impérieux de procéder à une véritable diversification de l'économie en s'appuyant certes sur l'industrie extractive, mais aussi et surtout sur l'agriculture, le potentiel hydroélectrique et la gouvernance.

La stratégie de transformation de la Guinée (STraG) doit s'appuyer sur une approche visant la diversification effective de l'économie et une meilleure gestion des ressources publiques. Elle bénéficie de bases très solides avec un milieu naturel propice à l'agriculture, un potentiel

---

[31] *Cf.* Pauvreté et inégalités en Guinée de 1994 à 2012, Analyse à partir d'enquêtes auprès des ménages (Enquête Légère pour l'Evaluation de la Pauvreté (ELEP-2012), Institut National de la Statistique, Ministère du Plan, juillet 2012.

hydroélectrique puissant et des richesses du sous-sol immenses. L'agriculture, l'hydroélectricité et les mines peuvent remorquer toute l'économie et entraîner les autres secteurs favorisant la croissance économique, à condition toutefois qu'une certaine éthique gouverne la gestion des ressources qu'elles peuvent générer.

Mais, le préalable à tout processus de développement est l'instauration de la sécurité des personnes et des biens sans laquelle tout effort de changement qualitatif dans la vie des populations est vain. Une fois que la sécurité des citoyens est assurée, les personnes peuvent jouir de leurs biens. Car, dormir en paix et vaquer à ses occupations le lendemain sans crainte d'être abattu à domicile ou dans la rue constituent les avantages les plus précieux dans la vie de l'homme.

En plus de la sécurité, tout développement doit reposer sur les accélérateurs de croissance que sont l'éducation, la santé, les infrastructures routières et les NTIC. Sans un niveau d'éducation de qualité, le pays ne peut pas s'approprier les tenants et aboutissants du processus de développement.

Des pays à ressources naturelles faibles ont pu se hisser à un niveau de développement élevé en misant sur la formation. C'est notamment le cas du Japon en Asie. C'est surtout le cas de la Suisse qui, sans ressources naturelles, est aujourd'hui la 8ème puissance économique du monde en termes de revenu par tête d'habitant, et le plus grand exportateur de chocolat au monde bien que ne cultivant aucune fève de cacao sur son sol[32]. Petit pays enclavé (un territoire de quelques 41 000 km^2 avec une population de 8

---

[32] *Cf.* BMF warns SA economy far from transformation goal, by Zandisile Luphahla, *in* The New Age, Thursday, 19 June 2014.

millions d'habitants), la Suisse a développé une éthique du travail qui sous-tend ses grandes exportations telles que les pendules, les montres de luxe et, naturellement les chocolats. Les performances économiques de la Suisse sont dues à sa capacité à créer une économie diversifiée basée sur le capital humain qui a atteint un niveau d'expertise très pointue dans des domaines tels que l'horlogerie, la chocolaterie, la banque, etc.

Un pays peut se développer sans ressources naturelles abondantes, mais les chances de succès d'un pays dans le développement économique deviennent minces en l'absence de ressources humaines de qualité.

De façon générale, l'Afrique est la région la plus mal classée en matière d'indice de développement du capital humain au niveau mondial. En effet, selon le Rapport du Forum Economique Mondial sur le Capital Humain Mondial 2017, publié le 13 septembre 2017, 8 pays africains se classent relativement bien sur les 130 pays pris en compte, à savoir : le Rwanda (71ème rang), le Ghana (72), le Cameroun (73), Maurice (74) qui ont développé plus de 60 % de leur capital humain. Puis, viennent le Kenya (78), la Zambie (80) et l'Afrique du Sud (87)[33].

Sur la période 2007-2012, la Guinée a consacré en moyenne 12 % du budget national aux dépenses d'éducation[34]. Ce qui est insuffisant par rapport aux besoins de formation au niveau de tous les cycles d'enseignement[35].

---

[33] *Cf.* SA falls short in the quality of its schools, other sub-Saharan countries are faring much better, global report finds, by Sizwe Dlamini, *in* Business Report International, Thursday, September 14, 2017.

[34] *Cf.* Document de stratégie de réduction de la pauvreté DSRP III (2013-2015), Ministère d'Etat chargé de l'Economie et des Finances, Secrétariat Permanent de la Stratégie de réduction de la pauvreté (SPSRP), mai 2013.

Sans une qualité élevée de la santé publique, il est utopique de penser à un développement accéléré et soutenu dans les pays africains. En assurant la santé de la population, on dégage des bras valides pour faire tourner les usines et tirer de la terre plus de produits agricoles. Le taux de prévalence élevé du VIH/SIDA fait perdre à des pays africains un certain pourcentage de leurs PIB. Sur la période 2007-2012, la Guinée a alloué 2,3 % en moyenne aux dépenses de santé, alors que les Engagements d'Abuja[36] demandent que 15 % du budget de l'Etat soit attribué à la santé[37].

Le troisième accélérateur de croissance est constitué par les infrastructures de transport qui sont indispensables à l'écoulement de la production et des marchandises vers les centres de vente et les ports pour les pays côtiers. Elles sont également indispensables pour le déplacement des personnes sans grande pénibilité.

Le quatrième accélérateur réside dans les NTIC qui ont la vertu de faciliter la vente des biens, la circulation des informations et l'exécution des transactions financières à l'intérieur des pays et entre pays.

Ces quatre accélérateurs de croissance (éducation, santé, infrastructures routières et les NTIC) ont fait l'objet de larges développements dans « *Où va la Guinée ?* »[38].

---

[36] Lors du Sommet Spécial des Chefs d'Etat qui s'est tenu à Abuja du 26 au 27 avril 2001pour répondre aux défis posés par les maladies comme le VIH/SIDA, la tuberculose et autres maladies infectieuses connexes), les Gouvernements se sont engagés à attribuer au moins 15 % de leurs budgets nationaux annuels au secteur de la Santé.

[37] *Cf.* DSRP III 2013-2015.

[38] *Cf.* « Où va la Guinée ? », par Mamadi Camara, l'Harmattan, Paris, juin 2010, la Santé (pages 103-108), l'Education (pages 121-128), et les infrastructures routières (pages 67-69).

Tout en tenant donc de ces facteurs importants, toute stratégie de développement de la Guinée doit se baser sur les quatre principaux piliers évoqués plus haut, qui constituent des leviers déterminants de son développement économique et social.

L'idée consiste à poursuivre l'exploitation des ressources minières, parallèlement au développement des secteurs de l'agriculture et de l'hydroélectricité et l'amélioration de la gouvernance. La stratégie consiste à éviter de river notre regard sur le seul secteur des mines, mais d'avoir une vision qui embrasse les principaux moteurs de la croissance.

Les quatre supports ou piliers de la Stratégie de développement de la Guinée sont les suivants : amélioration de la production agricole, valorisation accrue du potentiel hydroélectrique, meilleures exploitation et transformation des ressources minières, et amélioration de la gouvernance et renforcement des capacités.

Premier pilier : Amélioration de la production agricole

L'intérêt pour le secteur agricole se justifie du fait que c'est dans ce secteur où l'on retrouve la majorité de la population, ainsi que les populations les plus pauvres en Guinée (environ 63 %)[39]. La seconde raison est que les études montrent que la croissance du PIB ayant pour base l'agriculture est doublement efficace dans la réduction de la pauvreté et le développement d'activités autres que l'agriculture. « *Dans le cas de la Chine, il a été constaté que l'ensemble de la croissance sur la base de l'Agri-*

---

[39] *Cf.* La population de la Guinée : situation actuelle et défis de l'avenir, Ministère du Plan et Fonds des Nations Unies pour la population, Editions Ganndal, Mai 2013.

culture était 3,5 fois plus efficace dans la réduction de la pauvreté que la croissance intervenant en dehors de l'agriculture, alors que pour l'Amérique latine, ce chiffre était de 2,7 »[40]. Tous les pays qui ont vaincu la faim ont d'abord amélioré leur production agricole, comme en témoigne la révolution verte des années 60 mise en œuvre en Inde.

L'objectif fixé à la Lettre de politique nationale de développement agricole, phase 2 (LPDA-2) tablait sur l'atteinte de l'autosuffisance alimentaire en riz à l'horizon 2005. Cet objectif n'a évidemment pas été atteint, bien au contraire, car entre 2000 et 2007, le volume des importations a augmenté de 54 %.

Plus récemment, le gouvernement a adopté le Programme national d'investissement agricole et de sécurité alimentaire (PNIASA) couvrant la période 2012-2016. Ce programme vise à améliorer la productivité agricole et la sécurité alimentaire, afin de faire de la Guinée un pays exportateur de denrées alimentaires. Il prévoit des ressources publiques limitées consacrées à la recherche et la vulgarisation, et cherche à intéresser des investissements du secteur privé. Le gouvernement a préparé un plan d'action ambitieux pour s'attaquer aux problèmes de l'agriculture et lui faire jouer un rôle plus important dans le développement économique et social. Il prévoit également le développement des filières agricoles.

Dans le secteur agricole, les sous-secteurs de l'élevage, d'une part, et de la pêche et de l'aquaculture, d'autre part, tous deux sources de protéine animale, n'ont pas été

---

[40] *Cf.* Stratégie du secteur agricole du Groupe de la Banque africaine de développement 2010-2014, 7 décembre 2009.

suffisamment développés. Pourtant, leur potentiel est très important.

Deuxième pilier : Valorisation accrue du potentiel hydroélectrique

Pour des raisons diverses, le potentiel hydroélectrique de la Guinée n'a jusqu'à présent pas été suffisamment exploité, malgré la réunion de toutes les conditions favorables dont bénéficie le pays : pluviométrie abondante, existence de nombreux cours d'eau et de bassins versants. Ce potentiel est tellement puissant que sa concrétisation relancerait non seulement la croissance, mais ferait de la Guinée un pays exportateur de courant électrique vers les pays voisins en Afrique de l'Ouest.

Il faut donc investir dans ce secteur, car, sans énergie électrique, tout effort de développement économique et social est menacé par le risque d'échec. En effet, le développement des autres secteurs est tributaire de la disponibilité de l'électricité en quantité suffisante. C'est pourquoi le déficit énergétique actuel plombe le progrès économique, social et culturel du pays.

Troisième pilier : Meilleures exploitation et utilisation des ressources minières

Le secteur des mines, depuis l'indépendance de la Guinée, a porté la croissance économique en étant la principale source des recettes d'exportation, et en contribuant aux ressources budgétaires plus que tout autre secteur. Mais, le secteur minier a-t-il produit tous les effets qu'on était en droit d'en attendre ? Une meilleure utilisation des recettes d'exportation ne serait-elle pas nécessaire si l'on veut que le secteur minier ait une contribution plus significative aux efforts visant la réduction de la pauvreté ?

Quatrième pilier : Amélioration de la gouvernance et le renforcement des capacités

La gouvernance est un facteur transversal qui doit imprégner les trois autres piliers. C'est ce qui explique son positionnement au quatrième rang. Sans la bonne gouvernance, les efforts réalisés dans les trois autres piliers seront voués à l'échec du fait que des facteurs comme le manque de coordination, la démobilisation des énergies et la corruption détruisent les gains qui y sont obtenus.

Les quatre piliers sont analysés dans les cinq chapitres suivants, le premier pilier (Amélioration de la production agricole) ayant deux sous-piliers (le développement de l'élevage et le développement de la pêche et de l'aquaculture) auxquels deux chapitres ont été consacrés.

CHAPITRE SIX

PREMIER PILIER : AMELIORATION DE LA PRODUCTION AGRICOLE

La Guinée peut nourrir sa population

L'agriculture a été la première occupation de l'homme à l'aube de l'humanité ; par conséquent, elle est la fondation de toutes les autres industries.

De façon générale, en Afrique, la majorité de la population vit de l'agriculture ou des activités annexes. Selon le *World Development Report, 2008*, 70 % des personnes vivant en Afrique travaillent à plein temps de l'agriculture. Malgré cela, les performances de l'agriculture africaine demeurent faibles comparées à celles de l'Asie, entravée qu'elle est par la sécheresse, les inondations, les maladies, une faible productivité et le manque de technologie appropriée. En effet, tandis que la croissance par tête pour la population vivant de l'agriculture en Afrique s'établit à moins de 1 %, celle-ci est de 3,1 % pour l'Asie et le Pacifique. En Afrique, cette croissance résulte plus de l'augmentation des superficies cultivées que de l'accroissement de la productivité. Sur les 54 pays africains, seuls 9 ont investi 10 % de leur budget dans l'agriculture[41]. Pourtant, les Engagements de

---

[41] *Cf.* « *Scaling up agribusiness should be Africa's next growth frontier* », in Business Report International, Johannesburg, South Africa's Financial Daily, page 18, Thursday, April 17, 2014. Carlos Lopes a été le

Maputo en 2003 obligeaient les gouvernements africains à consacrer 10 % de leurs budgets nationaux à l'agriculture.

Le cas de *success-story* le plus célèbre est la révolution verte en Inde dans les années 60. Le souvenir de la tragédie de la grande famine de 1943-1944 qui fit 3 à 4 millions de morts selon des sources était encore vivace dans les esprits lorsque l'Inde conquit son indépendance en 1947. La grande famine qu'a connue l'Inde sous domination coloniale était le résultat de la conjugaison de deux facteurs : le déficit céréalier et le contexte de la Seconde Guerre mondiale qui a amené la puissance coloniale britannique à attacher peu d'intérêt aux questions alimentaires.

La révolution verte est un package technologique incluant : (i) des variétés de semences de riz et de maïs sélectionnées à rendement élevé ; (ii) l'irrigation ou la maîtrise de la fourniture d'eau ; (iii) l'utilisation d'engrais, de pesticides ; et (iv) la mobilisation des capacités de gestion appropriées.

En plus de ce package, l'Inde indépendante mit en place une stratégie fondée sur la recherche et l'engagement de la direction politique, des scientifiques qui ont travaillé sur des graines sélectionnées de riz et de maïs, des bureaucrates et des agriculteurs eux-mêmes. Tous étaient des acteurs dont l'esprit était ouvert et des hommes d'action appliquant une stratégie bien définie à l'avance. Le résultat fut que l'Inde n'a plus jamais connu la famine. A la suite d'une augmentation des terres mises en valeur qui sont passées de 1,9 million d'ha en 1960 à 15,5 millions en 1970, 43 millions d'ha en 1980 et 64 millions

---

Secrétaire exécutif de la Commission Economique pour l'Afrique des Nations Unies à Addis-Abeba (2012-2017).

d'ha en 1990 ont été mis en valeur. Et en 1975, l'Inde a produit 110 millions de tonnes de céréales[42].

Pour relever l'agriculture africaine, le défi est double : il faut maîtriser l'eau et assurer un approvisionnement régulier en intrants agricoles. Les sols en Afrique par endroits ont vieilli et sont désaturés et délavés. L'action anthropique est à la base de ces fléaux (culture itinérante, acidité des sols, décomposition rapide de la matière organique due à la forte insolation). Selon le *World Development Report, 2008*, 16 % des sols sont réputés avoir une faible teneur en nutriments, tandis que ce pourcentage n'est que de 4 % pour l'Asie. Pourtant, l'utilisation de l'engrais n'est que de 8 kg par hectare, voire moins en comparaison avec l'objectif de 50 kg/ha visé au terme du Sommet africain sur les engrais tenu en 2006. Qui plus est, le PIB de plusieurs pays africains est fortement dépendant de la pluviométrie. L'alternance fréquente des inondations et des sécheresses est fortement préjudiciable à la qualité et la quantité de la production agricole.

En outre, l'agriculture africaine souffre de la médiocrité des infrastructures routières et de la mauvaise maîtrise des conditions édaphiques. Ainsi, 50 % de la population agricole en Asie vit à une heure de marche d'un marché local, tandis qu'environ 50 % des agriculteurs africains vivent à 5 heures ou plus d'un marché.

L'agriculture guinéenne

Les conditions d'une agriculture florissante pourraient être réunies en Guinée. En effet, selon les estimations, 6,2

[42] *Cf.* Good news India, *From famine to plenty, from humiliation to dignity*, November 2002. Les statistiques utilisées proviennent des documents de Indian Institute of Science.

millions d'hectares sont cultivables, soit 25 % du territoire national. Mais, seul 1,6 million d'hectare est exploité, laissant une forte capacité d'extension des superficies cultivées. En outre, le potentiel hydro-agricole est pour sa part évalué à 180.000 hectares, dont 157 000 hectares de plaines et 23.000 hectares de bas-fonds. En milieu rural, chaque habitant peut disposer en moyenne de 3,8 hectares de terres cultivables[43].

Plusieurs variétés de cultures vivrières occupent les paysans. La culture du riz vient en première position, car cette spéculation occupe 41,7 % des superficies cultivées et 80 % des cultivateurs s'y adonnent. En 2008/2009, la production de riz a été estimée à 1 400 000 tonnes de paddy. Cependant, le pays important 300 000 tonnes par an, le déficit, selon la FAO, s'établit à 436 000 tonnes en 2008. Ce déficit a largement diminué en raison d'une politique agricole plus dynamique à partir de 2011 qui s'est soldée par une augmentation constante de la production locale (831.600 t en 2013 contre 700.000 t de riz blanchi en 2014, et 2,047 millions de tonnes de riz paddy en2015, selon la FAO). En effet, selon la FAO, la Guinée aurait importé en 2015, 215.000 tonnes de riz (base blanchie)[44].

De façon générale, 23 % de la population rurale serait en insécurité alimentaire limite. Mais, en Guinée, personne ne meurt de faim. En plus du riz qui constitue l'aliment de base, les exploitants agricoles cultivent le maïs, le mil, le manioc, l'arachide, la pomme de terre, le fonio, l'igname, la patate, le taro et les agrumes.

---

[43] *Cf.* La population de la Guinée : situation actuelle et défis de l'avenir, Ministère du Plan et UNFPA.

[44] *Cf.* www.commodafrica.com 15-02-2016

En moyenne, la croissance annuelle du secteur agricole est estimée à 4 %, voire 5 % en 2011. Ce rythme est cependant faible du fait que la croissance démographique annuelle étant estimée à 3,1 %, la production agricole ne pourra pas à terme couvrir les besoins de la population. La performance du secteur agricole est donc faible. La contribution de l'agriculture au PIB a constamment baissé passant de plus de 90 % avant l'indépendance à 62 % en 1971, 46 % en 1988 et moins de 20 % en 2012. La part de l'agriculture dans les exportations a chuté de 90 % en 1958 à 7 % actuellement[45]. Les produits agricoles représentent 11 % des exportations. La Guinée exporte surtout le café, le coton, l'hévéa, derrière le Libéria, le Nigéria et la Côte d'Ivoire, la banane (5000 tonnes en 2010 loin derrière la Côte d'Ivoire qui a produit 250 000 tonnes)[46], les fruits et légumes.

Sous l'effet conjugué de la trop grande attention portée au secteur minier au détriment des autres, de la mal-gouvernance et des techniques culturales désuètes, le secteur agricole, en dépit de l'existence de terres fertiles, n'a pu se développer suffisamment pour dispenser le pays d'importer massivement du riz, après 60 ans d'indépendance.

« *Un Recensement National de l'Agriculture a été conduit sur la campagne 2000-2001, dans le cadre du Programme de Recensement Mondial de l'Agriculture 2000 préconisé par la FAO, pour les recensements nationaux de la décennie 1996-2005 afin d'élaborer une*

---

[45] *Cf.* Afrique : histoire, économie, politique 1998-2001, L'agriculture en Guinée à l'aube de l'an 2000, par Olivier Bain, article remis en ligne par Jean-Marc Liotier.

[46] *Cf.* L'état du commerce en Afrique de l'Ouest, Rapport annuel, 2012.

base de données suffisamment complète, pertinente sur les principaux faits agricoles aussi bien au niveau national que régional. Ce recensement a permis de tirer plusieurs enseignements, notamment le fait que le secteur agricole demeure une agriculture de petites parcelles sur lesquelles les paysans utilisent encore des instruments de production rudimentaires. Sur le nombre total de superficie cultivée en 2000, 18,4 % le sont sur une superficie de 1 à 1,5 ha. Les superficies supérieures à 5 ha représentent 4,2 % des superficies totales cultivées »[47]. L'agriculture n'a donc pas fondamentalement changé, elle reste essentiellement une agriculture de subsistance.

Les travaux agricoles dans les exploitations traditionnelles sont effectués à la main. Le défrichement, l'entretien et la récolte sont réalisés à 99 % à la main, le labour à 82 % et le semi manuellement sur 96 % des terres cultivées. En 2000, sur 2.272.638 parcelles cultivées représentant 1.370.145 hectares, seuls 20 % ont reçu des fumures organiques et/ou minérales.
L'essentiel (94 %) des surfaces cultivées dans les exploitations traditionnelles utilise des semences locales non sélectionnées, et, pratiquement, aucune parcelle ne fait l'objet d'application de produits phytosanitaires. La prolifération des nématodes et autres parasites réduit considérablement le rendement par unité de surface.

Une agriculture aussi rudimentaire a des rendements plutôt faibles : pour le riz, en moyenne 1,75 tonne par hectare sur la période 2000-2008 contre 1,95 tonne par hectare en Afrique en 1989, tandis que le riz à haut

---

[47] *Cf.* Recensement national de l'Agriculture (RNA : 200/2001) Service National des Statistiques Agricoles (SNSA)/République de Guinée.

rendement expérimenté par la Chine rapporte 7,3 tonnes par hectare (soit 948 kg de plus que le riz ordinaire) dans le district de Shanggao, de la province du Jiangxi[48]. Pour le maïs, cette moyenne est de 1,50 tonne par ha ; pour le fonio paddy, 1,10 t/ha ; pour l'arachide, 0,7 t/ha et pour le manioc, 7 t/ha. Ces moyennes sont établies sur la base des estimations relatives aux rendements faites par le SNSA[43].

Le riz est donc la principale spéculation agricole de la Guinée ; il couvre 80 % des exploitations, 65 % des besoins céréaliers et occupe 37 % de la population active. Selon les projections du modèle de simulation de l'économie guinéenne (MSEGUI), à partir de 2017/2018, la production rizicole parviendra à couvrir les besoins alimentaires du pays.

Le secteur agricole comporte des superficies arables considérables non encore exploitées. Les terres sont tellement fertiles que chaque région naturelle à elle seule peut nourrir toute la Guinée. La variété des climats et des sols autorise le pays à développer plusieurs filières et à promouvoir ainsi la diversification de l'économie. Il suffit pour cela de prendre trois principales dispositions en amont : former suffisamment d'agents agricoles, assurer la maîtrise de l'eau et évaluer la fertilité en vue des corrections spécifiques éventuelles.

En effet, « *la voie à suivre en matière de politique agricole, c'est de développer les cultures vivrières en prenant en compte, au moins, trois paramètres : (i) l'assistance aux paysans en leur fournissant des semences*

---

[48] *Cf.* Le Quotidien du Peuple *en ligne*, Edition du 16-10-2007. [43] *Cf.* Tableau intitulé Dynamique de production des principales cultures vivrières de 2000 à 2015, SNSA, Ministère de l'Agriculture et de l'Elevage.

de qualité et en leur facilitant l'acquisition des engrais et produits phytosanitaires ; (ii) la maîtrise de l'eau ; et (iii) l'amélioration du climat des affaires, de manière à créer les conditions nécessaires à l'émergence d'une classe de grands agriculteurs capables de produire des céréales et des produits de spéculation destinés à l'exportation ».

Les agents agricoles formés vont constituer un corpus de techniciens agricoles qui seront capables d'assister les paysans dans les différentes régions. Cette assistance portera essentiellement sur (i) la vulgarisation de techniques agricoles innovantes susceptibles d'augmenter la productivité ; (ii) la vulgarisation des semences à haut rendement et à cycles plus ou moins courts, des fertilisants et des produits phytosanitaires ; (iii) l'organisation des paysans en coopératives de manière à ce qu'ils puissent avoir des tracteurs en crédit-bail, chacun à son tour, pour effectuer le labour dans leurs champs et diminuer ainsi la pénibilité des travaux champêtres.

La maîtrise de l'eau est fondamentale pour le développement de l'agriculture. Très souvent, trop souvent même, les efforts des paysans sont ruinés par l'abondance ou la pénurie d'eau. Avec le concours de l'Etat, il faudra réaliser des petits ouvrages de retenue d'eau, de manière à assurer l'irrigation des superficies cultivées en fonction des besoins des céréales. Les paysans, qui ont eux-mêmes une connaissance empirique approfondie du milieu naturel, peuvent contribuer à une utilisation efficace de ces ouvrages.

Une fois que ces deux conditions sont remplies, il faudra utiliser les services de statistiques agricoles pour évaluer sur un certain nombre d'années les résultats obtenus, saison après saison, par les paysans dans l'exploitation de la terre en partant d'une année de base. Ainsi, les cas de meilleures pratiques en termes de rendement seront dupliqués dans les autres zones agricoles où les rendements ont été plus faibles.

Les paysans pourront faire des cotisations pour acheter une petite machine pour piler le riz ou le manioc, le maïs, voire les noix de karité. Ce système permettra de réduire considérablement la pénibilité du travail des femmes après les récoltes. Ce temps gagné par les femmes peut être utilisé à faire des jardins potagers dont les produits (tomates, oignons, concombres, etc.) seront écoulés lors des marchés forains.

La stratégie de développement de la grappe du secteur agricole se déclinera donc en trois phases : (i) faire un travail en amont en encadrant mieux les paysans et en leur fournissant des intrants agricoles ; (i) maîtriser l'eau ; (iii) réduire la pénibilité du labour en utilisant le tracteur partout où la nature du sol le permet ; et (iv) assurer l'utilisation de pileuses pour les céréales ; et (v) mettre en place un foncier agricole[49]. Si cette stratégie est bien exécutée, la Guinée peut nourrir la Guinée et même exporter. Car l'agriculture, en ce moment, deviendra la

---

[49] Il est très important de tenir compte de l'économie politique de la terre lors de l'élaboration des politiques foncières et des réformes liées à la propriété foncière. Comme le note Dr Joan C. Kagwanja dans sa présentation sur « l'amélioration de la gouvernance des investissements fonciers à grande échelle en Afrique : le rôle des parlementaires », les éléments sont nombreux et comprennent la sécurité foncière, l'élaboration de la politique foncière, la réforme foncière, les droits fonciers des femmes et les droits de propriété, les expulsions forcées, la gestion des ressources naturelles, les implantations sauvages, les différends et conflits fonciers, etc.

force motrice derrière la sécurité alimentaire recherchée et réalisée.

Un début d'opérationnalisation de cette stratégie s'est opéré à partir de 2011, lorsque le Gouvernement a distribué aux paysans 20 000 tonnes d'engrais, 1500 tonnes de semences de riz, 500 000 litres de produits phytosanitaires et 150 tracteurs afin d'atteindre une production supplémentaire de 100 000 tonnes de riz.

Cette politique a eu des effets immédiats sur la production agricole et le prix du riz a fortement baissé sur les marchés de la capitale Conakry. En effet, le prix du kilo de riz est passé de 9 000 GNF en 2009 à 6 000 GNF en 2012, soit une baisse de près de 33,33 %.

Si la maîtrise de l'eau était assurée, la production de riz serait beaucoup plus importante. De petits systèmes d'irrigation pourraient être développés dans les 4 régions naturelles du pays.

En plus de l'augmentation des rendements, de la maîtrise de l'eau, de l'utilisation des engrais et de la distribution des semences améliorées, ce qui assure un développement véritable du secteur agricole, c'est l'amélioration des infrastructures rurales. Par infrastructures rurales, on entend les pistes rurales et communautaires, la commercialisation, le stockage et la transformation de la production agricole, l'eau utilisée dans l'agriculture et le stockage de l'eau, ainsi que les autres infrastructures pour le bétail, la pêche et l'énergie rurale. Tous ces éléments ont été identifiés comme prioritaires dans la nouvelle stratégie du Secteur agricole du Groupe de la Banque Africaine de Développement dénommée *Feed Africa* (« Nourrir l'Afrique : stratégie pour la transformation agricole de l'Afrique, 2016-2025 »). Il s'agit d'une stratégie visant l'éradication de la faim et de la pauvreté rurale sur le continent dans les dix prochaines années. Il faut rappeler que cette stratégie fait partie des cinq grandes priorités de la BAD dites *Top 5*, à savoir : Eclairer l'Afrique et l'alimenter en électricité, Nourrir l'Afrique, Industrialiser l'Afrique, Intégrer l'Afrique et Améliorer la qualité de vie des populations d'Afrique.

Le Gouvernement doit, parallèlement à l'organisation des opérateurs économiques du secteur industriel et commercial, encourager l'organisation des opérateurs agricoles en facilitant pour eux l'accès aux crédits bancaires en vue de promouvoir un réseau d'agriculteurs modernes et efficients.

Il doit également veiller à ce que les produits agricoles soient, en partie, transformés sur place afin de créer ainsi un embryon solide de l'agro-industrie, de façon à obtenir une valeur ajoutée importante. Comme l'a dit Carlos Lopes, l'histoire nous enseigne que l'agriculture, particulièrement les secteurs de l'agro-industrie et de l'agrobusiness développés, a été le moteur de la croissance économique dans les pays à travers le monde, du Brésil à la Chine. L'agro-business détient la clé de la satisfaction de la demande d'aliments, particulièrement les produits transformés[50].

L'année 2014 était l'année de l'agriculture et de la sécurité alimentaire de l'Union Africaine. Cela fut une opportunité pour les pays du continent de renforcer l'engagement politique des dirigeants africains en faveur de l'agriculture pour lui donner une nouvelle dynamique.

---

[50] *Cf.* Carlos Lopes, article déjà cité.

La Guinée compte parmi les « bons élèves » au titre du respect de l'engagement de Maputo en 2003 de consacrer au moins 10 % des dépenses publiques au secteur agricole (agriculture, élevage et pêche), le pays ayant consacré 14,5 % du budget national aux investissements agricoles en 2008.

CHAPITRE SEPT

SOUS-PILIER 1 : DEVELOPPEMENT DE L'ELEVAGE

La Guinée est le bastion d'une race de ruminants adaptés aux conditions écologiques de la zone subhumide[51]. Ces animaux sont les bovins *Ndama*, les ovins et caprins *Djallonké* qui portent des gènes qui leur confèrent une résistance aux maladies présentes dans cette zone, telles que la trypanosomose, les endoparasitoses et les dermatophiloses. Ces caractéristiques génétiques uniques se sont développées exclusivement dans les habitats ouest-africains comme ceux de la Guinée. En outre, ces animaux possèdent d'autres attributs particulièrement intéressants qui leur permettent de s'adapter aux conditions écologiques prévalant dans la zone subhumide, tels des taux d'humidité élevés et un régime alimentaire de basse qualité[52].

A partir des Hauts plateaux du Foutah Djallon qui constituent le foyer originel du bétail endémique local, l'aire de diffusion s'est progressivement étendue à d'au-

[51] J'ai réalisé récemment une brève esquisse de tout le potentiel caché de cette filière, avec la collaboration d'un expert de l'élevage qui connaît bien la Guinée pour y avoir effectué plusieurs missions, en l'occurrence Souleye Kitane, fonctionnaire à la Banque africaine de développement, Bureau régional de Dakar.

[52] *Cf.* Maurice Houis, *La Guinée Française*, Editions Maritimes et Coloniales, 1953.

tres pays notamment le Sénégal, la Gambie et le Mali qui renferment des effectifs importants de bétail ruminant endémique. Dans ces zones environnantes de la Guinée, les populations de ces races ont connu des taux d'érosion génétique élevés suite aux croisements. En Guinée l'essentiel du cheptel est composé de ces races résistantes qui constituent un trésor génétique inestimable eu égard à la viabilité et la diversité des ressources génétiques d'importance mondiale.

L'élevage est pratiqué sous diverses formes : (i) l'élevage familial de type sédentaire, associé à l'agriculture caractérisé par des troupeaux de petite dimension dont l'effectif est souvent inférieur à 10 têtes ; (ii) l'élevage semi-pastoral dont la taille du troupeau se situe entre 10 et 30 têtes qui est généralement sédentaire, mais devient transhumant en saison sèche ; (iii) l'élevage pastoral de grande dimension avec des effectifs de bovins supérieurs à 30 têtes et associés la plupart du temps aux petits ruminants, qui constitue un élevage transhumant. Pour les petits ruminants, l'élevage de case, de type extensif avec un effectif moyen de 10 têtes, constitue le système le plus important. Il subsiste aussi l'élevage familial périurbain avec des effectifs moyens ne dépassant pas en général 5 têtes dont l'alimentation est basée sur l'exploitation des déchets ménagers[53].

On estime le cheptel guinéen à 4,9 millions de têtes de bovins, 1,6 million de têtes de caprins et 1,9 million de têtes d'ovins en 2010[54]. Plus de 90 % de cet effectif est

---

[53] *Cf.* Abdoul Goudoussi Diallo, Géographie de la Guinée, L'Harmattan, Paris, 2011, page 72.

[54] *Cf* Document Forum des investisseurs à Abu-Dhabi FP Elevage Agriculture GAD, Décembre 2013 « Opportunités d'investissements

constitué de bétail endémique dont au moins 50 % de souches pures. La contribution de l'élevage dans le PIB en Guinée est passée entre 1980 et 1990 de 4 à 2 %. Cette chute ne signifie pas pour autant une régression du secteur, mais plutôt un manque de dynamisme et une progression notoire des autres secteurs (mines, pêche, services). En 2010, sa contribution s'est élevée à 20,9 % du PIB agricole et 4,6 % du PIB national, avec un taux de croissance annuel moyen de 3,8 % entre 2007 et 2010. Selon les estimations, ce taux devrait atteindre 5,4 % sur la période 2011-2014.

Le développement du secteur de l'élevage reste cependant handicapé par le manque d'espace à usage pastoral, les difficultés d'approvisionnement en intrants zootechniques et vétérinaires, la perte de main-d'œuvre au profit des secteurs miniers, surtout avec la ruée vers l'or dans la région de Siguiri, l'absence d'une politique nationale d'amélioration génétique des races locales, etc.

Malgré tout le potentiel de ce secteur, la Guinée importe de la viande pour son alimentation. Ce déficit est dû au manque de structuration de la chaîne de valeur animale. Les estimations font ressortir une disponibilité annuelle per capita de 12,6 litres de lait, 7,7 kg de viande et 0,56 kg d'œuf, alors que les objectifs de sécurité alimentaire fixés s'établissent respectivement à 15 litres, 15 kg et 1,4 kg.

L'initiative visant à promouvoir l'élevage du bétail ruminant endémique, coïncide avec des circonstances favorables en Afrique de l'Ouest et dans le monde. En effet, plusieurs pays de l'Afrique de l'Ouest expriment

---

dans l'élevage (couvoir, production d'aliment de bétail, abattoirs, sélection et croisement des animaux).

actuellement une forte demande en races pures de bétail endémique pour des croisements destinés à relever le degré de résistance de leur cheptel aux maladies tropicales. Par ailleurs, l'avènement de la vache folle issue de l'élevage productiviste du nord utilisant la transgression de la chaîne alimentaire (alimentation du bétail avec des farines animales) a fait naître de nouvelles habitudes alimentaires basées sur la recherche d'une nourriture la plus naturelle possible. Ces circonstances offrent d'excellentes opportunités à l'élevage du bétail endémique qui désormais peut facilement se positionner favorablement dans les marchés internationaux. Il faut rappeler que les produits du bétail endémique (lait, viande, peaux) sont naturels, car issus d'un processus naturel de production utilisant essentiellement le fourrage prélevé directement des parcours naturels du bétail.

L'organisation institutionnelle du secteur de l'élevage en Guinée est portée par le Ministère en charge de l'Elevage. Il est chargé notamment de promouvoir les activités d'élevage, le développement de la production animale et d'améliorer la santé animale. Au niveau de chaque région administrative, il existe un bureau régional de développement et de planification qui comporte des cellules de développement rural et de l'environnement. Dans les préfectures, il existe des directions préfectorales de développement rural et de l'environnement. Le secteur bénéficie d'un réseau de vétérinaires privés et d'organisations socioprofessionnelles fortes qui jouent un rôle très important dans le développement de l'élevage.

La Guinée dispose également d'un Institut de Recherche Agronomique dont la mission essentielle est de promouvoir les recherches agricoles, y compris l'élevage.

En 1981, le pays a mis en place avec l'appui de la FAO et du PNUD, le Centre d'appui à l'élevage (CAE) de Boké qui constitue le fer de lance de la recherche axée sur le bétail ruminant endémique. Le centre abrite un troupeau de base issu d'une sélection en station, mais utilise également un réseau d'éleveurs pilotes qui conservent des souches pures de Ndama issues de sélection en station.

L'intérêt de produire du bétail endémique réside dans la faiblesse des coûts de production. Les animaux utilisent les pâturages naturels et ne nécessitent de supplémentations qu'en fin de saison sèche. Le processus de production est peut-être plus long, mais il suit les principes naturels de constitution de la viande sans utilisation intempestive de produits chimiques ou bactériologiques.
Le cycle de production s'étale sur 3 à 5 ans, mais à deux ans déjà les sujets males peuvent faire l'objet de transformation en boucherie pour un rendement moyen de 90 à 100 kg par sujet. La qualité de la viande et les caractéristiques organoleptiques permettent de vendre à des prix très rémunérateurs pour les produits de découpe. C'est là où réside l'intérêt de conserver la race et des méthodes d'élevage tout en les modernisant et en apportant une touche commerciale à la mise en marché des produits. Si des efforts sont faits dans la structuration des filières, la modernisation de la chaîne de production pour obtenir une traçabilité des produits et en misant sur la qualité commerciale, la viande du bovin Ndama, de la chèvre et du mouton *Djallonké* ont de réelles chances sur le marché international.

La structuration de la filière devrait aboutir à l'émergence de nouveaux segments dans la chaîne d'approvisionnement (ateliers de découpe de la viande, boucheries modernes, installations frigorifiques de front au port et/ou à l'aéroport pour l'exportation).

Le premier pas à franchir est d'attirer une clientèle spécialisée par le biais de rencontres lors des salons de l'agriculture dans le monde, les fora sur les produits de l'élevage et dans le contact direct avec les distributeurs de produits de l'élevage dans les pays du nord.

Dans cette filière, la recherche a un rôle capital dans la détermination des souches pures, la conservation de l'information sur les sujets, la détermination des conditions optimales de production tout en maintenant naturel le système de production. Le Gouvernement doit poursuivre ses efforts visant l'accroissement de la production animale avec notamment l'introduction et la diffusion des essences fourragères dans les élevages traditionnels à partir des centres d'appui à l'élevage de Boké et Famoïla (Beyla). Ce programme a été renforcé dans le cadre du Programme de gestion Durable du bétail endémique en Afrique de l'Ouest (PROGEBE). En outre, le programme « Vaccins contre les maladies négligées (VACNADA) » visait la vaccination de plus de 60 % du cheptel petits ruminants en 2011[55].

Les perspectives de développement de l'élevage des grands ruminants sont prometteuses. D'abord, il s'agit d'une activité pratiquée à grande échelle dans au moins trois régions naturelles du pays (le Foutah, la Haute-Guinée et la Guinée Forestière). Il existe une volonté affirmée des autorités d'encadrer les éleveurs en assurant la vaccination de la population animale et la sauvegarde

[55] *Cf.* Cadrage macroéconomique annuel 2011 (Mise en œuvre de la Stratégie de Réduction de la Pauvreté), Ministère du Plan, Direction nationale du Plan.

de l'environnement afin de maintenir la qualité et l'abondance des pâturages.

L'élevage présente un autre avantage : les bœufs servent encore d'attelage pour le labour de la terre, notamment en Haute-Guinée. Et la bouse de vache sert d'engrais dans les jardins potagers et est utilisée pour le badigeonnage des cases dans plusieurs régions de la Guinée en raison de ses vertus thermiques.

CHAPITRE HUIT

SOUS-PILIER 2 : DEVELOPPEMENT DE LA PÊCHE ET DE L'AQUACULTURE

« Et toi, pêcheur voûté à force d'ingéniosité et de patience »
Camara Laye

Depuis le mandingue médiéval, la pénibilité et l'importance de la tâche du pêcheur dans la société sont reconnues et magnifiées. Au même titre que le forgeron ou le tisserand, le *somono* (pêcheur en langue malinké) apportait sa contribution à l'économie. Jadis rudimenttaires, les outils de travail des pêcheurs se sont considérablement perfectionnés au fil des siècles pour connaître aujourd'hui une sophistication et une efficacité très poussées.

Les atouts

La Guinée a des atouts naturels enviables en matière de pêche. D'abord, le pays dispose d'un littoral maritime de 300 km et d'un plateau continental atlantique couvrant 43.000 km2 et d'une profondeur d'environ 200 miles et d'une largeur de 100 mètres. Cela offre au pays le plateau continental le plus vaste de l'Afrique occidentale, créant ainsi une zone maritime dont le potentiel en pêcheries est très élevé.

En second lieu, la Guinée compte plus de 6.250 km de réseau fluvial avec 1.161 cours d'eau permanents, incluant 23 bassins fluviaux, dont 14 internationaux.

Environ, 12 % de la superficie totale du pays se trouve dans le bassin du fleuve Sénégal, 39 % dans le bassin du Niger et 49 % dans les bassins côtiers. Les ressources en eau de surface renouvelables sont estimées à 226 km3/an [56]. Toutes ces données sont hautement favorables à la pêche continentale.

En troisième lieu, le pays bénéficie d'une abondante pluviométrie avec des précipitations annuelles allant de 1.000 à 4.000 mm d'eau, selon les quatre régions naturelles. C'est pourquoi, depuis le temps colonial, la Guinée jouit de la réputation d'être le Château d'eau de l'Afrique occidentale.

Ces atouts naturels prédisposent la Guinée à être un pays où les pêches maritime et continentale peuvent apporter une contribution considérable au développement économique et social.

Production et systèmes d'exploitation

Au titre de la pêche maritime, le potentiel en matière de produits de la pêche est estimé entre 150.000 et 250.000 tonnes de poissons par an. Il comprend quatre grands groupes d'espèces, à savoir : les poissons pélagiques et les poissons de fond (démersaux), les céphalopodes (la seiche et le poulpe) et les crevettes (la crevette rose, la crevette guinéenne et la crevette du large)[57]. On trouve également d'autres espèces comme le petit capitaine, les soles, les machoirons, les raies et les requins. Les stocks varient d'une espèce à l'autre.

---

[56] *Cf.* Document-cadre de politique des pêches et de l'aquaculture (DOCPA), décembre 2015.

[57] *Cf.* Note Conceptuelle de l'Appui au développement de la pisciculture et de la pêche continentale en Guinée.

Concernant la pêche continentale, il convient de signaler que seul le bassin du haut Niger a fait l'objet d'études approfondies relatives au potentiel. Dans ce bassin, selon les estimations, 5.000 à 8.000 tonnes de poissons peuvent être pêchées par an. 125 espèces de poissons ont été répertoriées dans les eaux continentales guinéennes (H. Matthès, 1985).

L'enquête-cadre réalisée en 2010 couvrant l'ensemble du territoire national a révélé que 14.587 pêcheurs s'adonnent à la pêche continentale. La production totale est estimée à 45.000 tonnes par an[58]. Mais, la dégradation progressive de l'environnement due notamment à la déforestation, aux feux de brousse et aux pratiques culturelles en jachère, explique la diminution progressive du potentiel de la pêche continentale enregistrée depuis ces dernières années.

La pêche artisanale maritime est, quant à elle, pratiquée par environ 17.156 pêcheurs, dont certains en provenance du Sénégal, de la Sierra Leone et de la Guinée-Bissau[59]. Selon les estimations datant de 2011, le parc piroguier est évalué à 6. 027 embarcations actives dont 22 % motorisées[60].

La production annuelle au titre de la pêche artisanale se chiffre à 119.410 tonnes en 2013, soit plus de la moitié des captures totales de la pêche maritime.

La pêche maritime industrielle est pratiquée par des chalutiers et des senneurs et palangriers (thoniers) opérant

---

[58] *Cf.* TCP/FAO/GUI/3204 (2008 – 2011).
[59] *Cf.* TCP/FAO/GUI/3204 (2008 – 2011).
[60] Cf. TCP/FAO/GUI/3204 (2008 – 2011).

dans les eaux profondes. En 2013, les navires industriels évoluant dans les eaux territoriales guinéennes (ZEE : zone économique exclusive) se composaient de 112 navires battant pavillon étranger disposant de licences de pêche ou d'accords de pêche, et de 2 navires guinéens.

En 2013, le total des captures de la pêche industrielle est estimé à 72.452 tonnes, soit une augmentation de 18 % par rapport à 2012 où on avait enregistré 59.306 tonnes.

Valorisation des captures

Les poissons sont vendus ou exportés soit frais, soit transformés.

La transformation artisanale des produits de la pêche se fait sous trois formes :

- *les poissons fumés* qui sont écoulés sur les marchés de la capitale et de l'intérieur du pays pour la consommation locale. Accessoirement, ils sont exportés vers les Etats-Unis et les pays voisins (ces exportations se chiffrant à 38 tonnes)[61] ;
- *les poissons salés-séchés* sont presque exclusivement exportés vers le Ghana. En 2013, ces exportations se sont élevées à 111 tonnes[62] ;

La transformation des produits de la pêche est très peu poussée. Les poissons sont, de façon générale, vendus frais ou congelés sur le marché national ou exportés vers les pays d'Europe et d'Asie. Toutefois, depuis le 2 février 2007, la Guinée est frappée

---

[61] *Cf.* Bulletin statistique ONP 2013.
[62] *Cf.* Bulletin statistique ONP 2013.

d'interdiction d'exportation des produits de la pêche vers les marchés de l'Union européenne, pour défaut de conformité aux directives internationales pour la certification des produits destinés à l'exportation. Avec l'appui de l'Union Africaine, particulièrement de l'agence du NEPAD, des mesures ont été mises en place pour aider la Guinée à se mettre aux normes internationales lui permettant d'accéder au marché de rente pour la commercialisation du poisson.

L'aquaculture

La Guinée dispose de formidables atouts naturels en matière aquacole. En effet, il existe de grandes superficies de terres où le contrôle de l'eau est aisé, estimées à 520.000 ha, dont 140.000 ha de terres mangrove et arrière mangrove, 200.000 ha de pleines alluviales et 180.000 ha de bas-fonds[63].

L'expérience du Projet d'aquaculture de crevette de Koba, projet SAKOBA, en Guinée Maritime, mis en œuvre pendant 8 ans avec la coopération canadienne n'a pas été concluante pour diverses raisons. De 1986 à 2012, d'autres projets ont été tentés ; mais seul le projet de pisciculture en Guinée Forestière, connu sous le nom de Projet de développement de la rizipisciculture, a été couronné de succès.

La production annuelle de pisciculture est estimée à 200 tonnes, avec des moyennes de 1,5 tonne pour les étangs, 1 tonne pour les mares, et 0,5 tonne pour les retenues. La combinaison de la production de riz et de

---

[63] *Cf.* Document-cadre de politique des pêches et de l'aquaculture (DOCPA).

poisson dans les étangs est censée produire 1 tonne de poissons et 2,5 tonnes de riz à l'ha[64].

Contribution économique et sociale de la pêche

En Guinée, le taux de consommation de poissons par habitant est de l'ordre de 13 kg/h/an (contre 27,8 kg/hab. au Sénégal ; 19,8 kg/hab. en Côte d'Ivoire), soit l'un des taux les plus faibles dans la sous-région ouest-africaine. Cette faiblesse s'explique par les déficiences en matière de commercialisation.

Selon des estimations empiriques, la pêche contribuerait au Budget de l'Etat à concurrence de 2,5 %, soit 12 milliards de Francs guinéens[65] dérivant des accords de pêche, de la vente des licences, des amendes, de la location du patrimoine halieutique, etc. La contribution de la pêche au PIB s'établit à 3,5 % en moyenne annuelle de 2014 à 2017[66]. Le secteur de la pêche couvre 40 % des besoins en protéines animales de la population guinéenne. La création d'emplois se chiffre à 112.000, incluant les activités de pêches proprement dites et activités connexes, ce qui représente 4 % de la population active. Le secteur distribue également des revenus importants aux acteurs impliqués. Les exportations des produits de la pêche procurent à l'Etat des devises assez substantielles.

Il semble que la contribution du secteur de la pêche, au cours des dix dernières années, a considérablement baissé, du fait d'un ensemble de facteurs négatifs : la surexploi-

---

[64] Cf. Document-cadre de politique des pêches et de l'aquaculture (DOCPA).

[65] *Cf.* TCP FAO/GUI/3204 (2008 – 2011).

[66] *Cf.* Tableaux du cadrage macroéconomique, 2014-2021, Ministère du Plan et de la Coopération internationale.

tation de plusieurs stocks du patrimoine halieutique ; une faiblesse et une inadaptation du système de gouvernance par rapport à l'évolution dynamique du secteur dans les autres pays ; et la faiblesse des investissements dans l'aquaculture durable.

En 2013, l'organisation des Etats Généraux de la pêche a permis de faire un diagnostic approfondi de l'état du secteur en Guinée. Le secteur est caractérisé par un ensemble de contraintes et de faiblesses qui empêchent la réalisation de son immense potentiel. Parmi celles-ci, il faut citer, entre autres :

- (i) *l'insuffisance du cadre politique*. Certes, la Lettre de Politique de Développement de la Pêche et de l'Aquaculture (LPDPA) a posé de bonnes bases pour le développement de la pêche et de l'aquaculture. Mais, elle comporte quelques insuffisances, dont l'absence de réformes institutionnelles ; l'absence d'orientation relative à un modèle d'exploitation spécifique du patrimoine halieutique (industriel ou artisanal ?) ;
- (ii) *les faiblesses du système de suivi, contrôle et surveillance de la pêche maritime*. Des progrès ont été enregistrés dans ce domaine : création et équipement du Centre National des Sciences Halieutiques de Boussoura (CNSHB) ; création de l'Observatoire des Pêches (ONP) ; formation de chercheurs spécialisés, acquisition d'un navire de recherche halieutique, etc. Toutefois, ces progrès demeurent insuffisants du fait du manque notoire d'expertises dans le secteur, du vieillissement du personnel de recherche, de l'insuffisance des moyens financiers et du personnel de commandement du navire de recherche « Général Lansana

Conté (GLC) », de la faiblesse des échanges entre la recherche, l'administration et la profession. Il faut ajouter à ces faiblesses, les déficiences dans le système de surveillance des pêches qui n'a pas les moyens de jouer pleinement son rôle. Et selon certaines estimations, la pêche illégale dans les eaux territoriales guinéennes fait perdre au pays environ 30 millions de dollars US par an. Le Centre national de surveillance des pêches (CNSP) ne dispose pas de moyens navigants adaptés à la surveillance en haute mer ;

- (iii) *le cadre institutionnel et juridique est inadéquat*. L'efficacité et la conscience professionnelle du personnel sont largement entamées du fait de la modicité des budgets de fonctionnement, du manque de ressources humaines adaptées, d'équipements et de logistique ;
- (iv) *les fonctions d'aménagement et d'administration du suivi de l'exploitation ne sont pas suffisamment distinctes*, entraînant des carences dans l'allocation des droits de pêche.
- (v) *des efforts ont été réalisés dans le cadre de l'adaptation du cadre juridique*. Toutefois, il convient de remédier à l'absence de réglementations régissant les professions dans la filière de la pêche artisanale (pêcheur, mareyeur, transformateur). Il faut signaler également que le manque de contrôle et de régulation de la pêche artisanale, entraînant des effets pervers, notamment la multiplication des sociétés contrôlées par les étrangers qui exportent frauduleusement en grande quantité les produits halieutiques guinéens ;

- (vi) *la surexploitation des stocks et la dégradation des écosystèmes*. La faiblesse de la régulation de l'accès aux ressources halieutiques et du dispositif de contrôle et surveillance a entraîné une surexploitation des stocks de poissons. En outre, la dégradation des écosystèmes causée notamment par la pollution dérivée de l'exploitation des gisements de minerais, l'incursion des navires industriels dans la zone réservée à la pêche artisanale, et la destruction de la mangrove, principale nurserie de la côte guinéenne, ont été préjudiciables à une exploitation rationnelle de la pêche ;
- (vii) *les faiblesses du système de contrôle sanitaire, l'insuffisance des infrastructures de soutien à la production et de valorisation des produits halieutiques, les déficiences du système de commercialisation, les contraintes spécifiques à la pêche continentale et de l'aquaculture et l'absence de financement de la pêche et de l'aquaculture* sont également des éléments handicapants sur lesquels le Gouvernement doit porter une attention particulière.

Des résultats encourageants ont été obtenus dans le secteur de la pêche ces dernières années, notamment : (i) le retrait du nom de la Guinée sur la liste noire de l'Union Européenne comme pays tiers non coopérant dans le cadre de la lute contre la pêche illicite, non déclarée et non réglementée ; (ii) l'adoption et la validation des instruments juridiques et réglementaires portant sur le Plan National d'inspection et le Plan National de lutte contre la pêche illicite, non déclarée et non enregistrée ; et (iii) le renforcement des capacités de surveillance du Centre National de Surveillance et de Police des Pêches.

Enfin, la contribution du secteur de la pêche s'est considérablement accrue, passant de 20 milliards de Francs guinéens [67] en moyenne jusqu'en 2015, à 34 milliards en 2016 et 43 milliards au 30 juin 2017[68].

Le secteur de la pêche, en tant que deuxième sous-pilier de l'agriculture, peut contribuer de façon plus significative à : (i) la fourniture de protéines animales aux populations guinéennes ; (ii) la réduction de la pauvreté ; et (iii) la croissance économique.

Toutefois, pour qu'il en soit ainsi, la Lettre de politique de développement de la pêche et de l'aquaculture (LPDPA) doit être exécutée de façon pleine et entière et complétée par des mesures additives. En outre, la Guinée doit s'adapter à l'évolution du contexte international marqué par l'existence de contraintes de plus en plus fortes qui rendent l'écoulement des produits halieutiques sur le marché international de plus en plus compétitif.

Pour que la Guinée arrive à faire son chemin dans un tel environnement, il faudra que les solutions envisagées soient pleinement mises en œuvre. Parmi celles-ci, il y a les mesures suivantes : la mise à niveau de l'autorité compétente en matière de contrôle sanitaire des produits de la pêche, le développement d'un nouvel organigramme pour la restructuration de l'administration des pêches ; le développement d'une nouvelle stratégie et d'un plan d'investissement ; l'instauration d'une bonne gouvernance dans le secteur afin d'assurer une exploitation

---

[67] 1-dollar américain est égal à environ 9000 francs guinéens (valeur août 2017).

[68] *Cf.* Discours de passation de service entre les ministres de la pêche sortant et entrant le 28 août 2017, conformément aux dispositions du décret 234 du 22 août 2017.

durable des ressources halieutiques en en tirant les meilleurs bénéfices sur le plan économique et social ; la correction systématique des faiblesses du secteur constatées lors des états généraux, notamment l'absence de réformes institutionnelles ciblant la priorité accordée à l'aménagement des pêches et l'absence d'orientation quant à un modèle d'exploitation – industriel ou artisanal – particulier des ressources halieutiques.

Compte tenu de l'appartenance des pays de la sous-région aux mêmes écosystèmes marins, de l'existence de stocks partagés et de la mobilité transfrontalière des flottes industrielles et artisanales et des pêcheurs dans les zones économiques exclusives (ZEE) des pays de la sous-région, la Guinée doit s'inscrire dans une dynamique de renforcement de la coopération sous- régionale et régionale afin de mutualiser les moyens des pays concernés dans les différents domaines de la gestion des pêches.

C'est tout le sens des initiatives développées au sein de la Commission sous-régionale des Pêches qui regroupe 7 pays côtiers de l'Afrique de l'Ouest, dont la Guinée, visant à la mise en place d'une structure intégrée chargée non seulement de la gestion des ressources halieutiques, mais également du contrôle et de la surveillance des ZEE des pays membres.

A cet égard, il importe de rappeler qu'en avril 2015, le Tribunal International du Droit de la Mer (*International Tribunal of the Law of the Sea*) siégeant à Hambourg (République d'Allemagne) a formellement reconnu, dans son Avis Consultatif, *le droit pour les pays membres de la Commission Sous Régionale des Pêches (CSRP) d'engager la responsabilité des navires battant pavillon d'un*

Etat membre de l'Union Européenne en cas de pêche illicite, non déclarée, non réglementée (plus connue sous l'appellation pêche INN). En effet, la pêche INN a fait perdre à l'ensemble des pays membres de la CSRP plusieurs milliards de dollars de recettes financières dont les budgets nationaux ont le plus grand besoin pour leurs projets de développement économique et social[69].

---

[69] *Cf.* l'Avis Consultatif du Tribunal sur le site de la CSRP www.csrp.org et sur le site du Tribunal www.itlos.org.

CHAPITRE NEUF

DEUXIEME PILIER : VALORISATION ACCRUE DU POTENTIEL HYDROELECTRIQUE

Sans énergie, le développement est un leurre

L'utilisation de l'énergie électrique est encore faible en Afrique, particulièrement en Guinée. L'utilisation per capita de l'énergie en Afrique (incluant l'énergie hydro-électrique, les carburants d'origine fossile et la biomasse) représente actuellement un quart de la moyenne mondiale[70]. Le pourcentage de la population guinéenne ayant accès à l'électrique s'établit à 18 % en 2016.

Pourtant, le potentiel hydroélectrique de la Guinée est considérable et mérite d'être exploité pour en tirer le maximum de gains sur le plan économique.

Le premier facteur de ce potentiel est la structure du terrain et la pluviométrie. « Le volume des précipitations d'eau est estimé à quelques 450 milliards de m^3 par an dont environ le tiers serait mobilisable et environ 25 % se jetteraient dans la mer, le reste arrosant de vastes territoires de la sous-région »[71]. Même si ces données ont sensiblement diminué, elles demeurent cependant impor-

---

[70] *Cf.* Pedro Lopes : « Scaling up agribusiness should be Africa's next growth frontier », in Business Report International, Johannesburg, Thursday, April 17, 2014.

[71] *Cf.* Opuscule cité plus haut.

tantes comparées à celles d'autres pays de la sous-région ouest-africaine. En effet, « *avec un potentiel en eau évalué à 27.000 m3 par habitant et par an, la Guinée est classée parmi les pays les plus pourvus en eau au monde* »[72].

Le deuxième facteur de ce potentiel est la richesse hydrographique qui comprend 1165 cours d'eau pérennes répartis sur toute l'étendue du territoire national de longueurs comprises entre 6 et 660 km avec des bassins versants allant de 6 à 71.000 km^2[73]. Ces nombreux cours d'eau font de la Guinée « le Château d'eau » de l'Afrique de l'Ouest. Outre ces eaux de surface, il existe une réserve supérieure à 12 milliards de m^3 d'eau dans le sous-sol guinéen[74]. Avec un potentiel d'eaux évalué à 27.000 m^3 par habitant et par an, la Guinée est l'un des pays qui disposent des réserves d'eaux les plus abondantes de la planète[75].

La Guinée est membre de quatre (4) grandes organisations fluviales en Afrique : ABN (Autorité du Bassin du Niger), OMVS (Organisation pour la Mise en Valeur du Fleuve Sénégal), OMVG (Organisation pour la Mise en Valeur du Fleuve Gambie) et Mano River Union. Toutes ces organisations sont bâties autour des grands fleuves qui

---

[72] *Cf.* Guinée : DSP 2012-2016, Banque africaine de développement.

[73] *Cf.* Atelier national sur le cadre de dépenses publiques à moyen terme, Secteur de l'énergie (Electricité, Energie renouvelable, Eau, Hydrocarbures), Ministère des Ressources naturelles et de l'Énergie, République de Guinée, 1997.

[74] Rapport sur la situation économique et sociale de la Guinée (20092011), Ministère du Plan, Direction nationale du Plan, Conakry, novembre 2012.

[75] *Cf.* M3 Holdings, Most Economical Alternative Energy Solutions : Combination of « Green Energy" and "High Quality Water", 2 May 2014, Sandton, South Africa.

prennent leurs sources en Guinée, à savoir le fleuve Niger, le fleuve Sénégal, le fleuve Gambie et le fleuve Mano.

Le troisième facteur de ce potentiel est le nombre important de sites de barrage avec plus d'une centaine répertoriés comportant des micro-barrages, des barrages de dimension moyenne et des grands barrages. En outre, ces sites de barrages sont répartis dans les quatre régions naturelles du pays. Mais, ceux qui sont exploités jusqu'à présent sont difficilement remplis du fait que les précipitations ne sont plus aussi abondantes que par le passé. Néanmoins, le potentiel hydroélectrique est estimé à plus de 23 000 GWh (6 000 MW)[76]. Cette capacité dépasse de loin les besoins de la Guinée, ce qui pourrait ouvrir la porte à des opportunités d'exportations importantes du surplus.

Dans le Plan directeur révisé des moyens de production et de transport d'énergie électrique de la Communauté économique des Etats de l'Afrique de l'Ouest (CEDEAO), les caractéristiques de 19 projets de barrage ont été déterminées sur la base des dernières études sur chaque projet. Il s'agit des barrages suivants : Amaria, Bonkon Diaria, Diaraguéla, Fetore, Fomi, Frankenedou, Grand Kinkon, Gozoguézia, Kassa B, Kaléta (déjà réalisé par le Gouvernement guinéen et inauguré par le Président Alpha Condé le 28 septembre 2015), Kogbèdou, Kouravel, Kouya, Lafou, Morisakano, Nzébéla, Poudalbé, Souapiti (les travaux de construction ont été lancés en décembre 2015) et Tiopo[77].

---

[76] *Cf.* Opuscule déjà cité.

[77] *Cf.* Tableau 23 – Projets hydroélectriques – Données d'investissement (1/2) in Un atout majeur pour la valorisation du potentiel hydroélectrique

D'autres projets de barrage sont dans le portefeuille de l'Organisation pour la mise en valeur du fleuve Sénégal qui prend sa source en Guinée, notamment Digan, Fello Sounga, Balassa, Boureya, Diaoya et Koukoutamba.

De tous ces barrages, ceux du complexe de Konkouré sont les plus puissants en termes de capacités installées : Souapiti (515 MW) ; Amaria (300 MW : le Président Alpha Condé a procédé, le 20 janvier 2018, au lancement des travaux de construction dont la durée est estimée à 56 mois) ; Grand Kinkon (291 MW) et Kaleta (240 MW). La réalisation de ces barrages demande des ressources financières importantes qu'il faut mutualiser dans le cadre de projets régionaux.

Par exemple, Souapiti requiert un investissement de 1.344 $ par kw pour un coût total d'investissement de 692 millions de dollars [78] et pourra produire une énergie garantie de 2.403 GWh/an. Et pour rentabiliser ces projets, il faut lier leur exploitation aux besoins de l'industrie minière très consommatrice d'énergie. Selon certaines estimations, une usine d'aluminium d'une capacité de 200.000 tonnes par an engendrera une demande supplémentaire de 3.000 GWH/an[79]. Il est estimé que la demande d'électricité pour l'exploitation minière à l'horizon 2025 serait de 800 MW.

La mise en place du complexe du Konkouré articulé autour de Kaléta, Souapiti et Amaria permettra à coup sûr

---

de la Guinée. Le système d'échanges d'énergie électrique ouest-africain (EEEOA)/West African Power Pool (WAPP), 2012.

[78] Le coût du barrage a été revu à la hausse, soit 1,3 milliard de dollars US. Il faudra sans doute attendre la fin des travaux pour avoir une idée plus précise du coût final.

[79] *Cf.* Op. cité précédemment.

d'envisager l'industrialisation effective de la Guinée, avec notamment (i) la transformation de la bauxite en alumine, voire en aluminium, et l'industrie sidérurgique lorsque l'exploitation des mines de fer du Nimba-Simandou sera effective. La réalisation du complexe du Konkouré, du barrage de Fomi et des projets d'interconnexion électrique fera de la Guinée un pays à forte puissance de production et d'exportation de l'énergie dans la sous-région ouest-africaine[80].

En dépit de ce potentiel énergétique, le taux moyen d'accès à l'électricité, au niveau national, tourne autour de 18 % selon différentes sources[81]. Ainsi, plus de 80 % de la population guinéenne n'a pas accès à l'électricité et les villes sont sujettes à des délestages longs et fréquents. Les raisons de ce paradoxe sont diverses et liées à la fois aux conditions dans lesquelles l'indépendance de la Guinée a été acquise, au manque de vision des dirigeants guinéens, aux politiques mal orientées en matière énergétique, au faible niveau d'équipement du secteur qui ne permet pas à EDG (Electricité de Guinée) de répondre à la demande en accroissement de 7 % par an[82].

Le déficit dans la desserte énergétique a de graves conséquences sur le bien-être de la population, le commerce,

---

[80] Note d'aménagement hydroélectrique de Kaleta sur le fleuve Konkoure, par Ousmane Tano Diallo, Consultant Ingénieur électricien, Spécialiste en Energie, Septembre 2012.

[81] *Cf.* (i) Guinea : Policy Note on Electricity and Water, Emilio Sacerdoci, Consultant, Banque mondiale, 21 mai 2010 ; (ii) Rapport sur la situation économique et sociale de la Guinée 2009-2011, Ministère du Plan, Direction nationale du Plan, Conakry, Novembre 2012.

[82] *Cf.* Rapport d'évaluation du projet de réhabilitation et d'extension des réseaux électriques de Conakry, Guinée, Banque africaine de développement, juillet 2008.

l'industrie, les PME/PMI fonctionnant très souvent grâce aux groupes électrogènes. Les coûts de fonctionnement et d'entretien de ces générateurs, combinés avec d'autres facteurs (le taux de densité routière en Guinée est le plus faible de la sous-région, soit 2,8 km/100 km² en 2010) induisent des prix de revient très élevés des biens et services produits. La compétitivité de l'économie guinéenne s'en trouve très faible par rapport à celle d'autres pays de la sous-région.

En outre, malgré l'important potentiel hydroélectrique et une quantité considérable de bois de chauffe qui compte pour 85 % dans la consommation totale d'énergie du pays, la consommation énergétique de la Guinée par tête d'habitant évaluée à 500 kep est l'une des plus faibles de la sous-région. La contribution de l'énergie et des manufactures au PIB n'est que de 11,92 %.

Dans les perspectives d'amélioration de l'expansion de l'accès à moyen et long terme, et dans le cadre du développement énergétique dans un schéma d'intégration régionale (*Western African Power Pool-WAPP*), la Banque mondiale et d'autres organisations financières internationales envisagent d'appuyer les efforts du Gouvernement dans la mise en œuvre d'une stratégie d'expansion de la production hydroélectrique. Le *WAPP*, sur financement de la Banque mondiale, est en train de mener une étude pour définir la stratégie optimale de développement hydroélectrique. Les résultats préliminaires de cette étude indiquent un intérêt particulier pour Kaléta (déjà opérationnel), Souapiti (en cours de réalisation), Fomi, Amaria dont la construction a démarré en 2018, Morissanannko, Kassa et Gogoguezia.

Pourtant, s'il était rationnellement exploité, le secteur de l'énergie hydroélectrique pourrait être un véritable moteur de croissance pour le pays. A cet égard, il suffit de s'intéresser simplement aux aménagements d'ouvrages hydroélectriques sur le fleuve Konkouré (Garafiri-Souapiti-Kaleta-Amaria) pour prendre la mesure de ce que le potentiel hydroélectrique de la Guinée représenterait pour l'économie nationale.

De nombreuses enquêtes et études ont été faites sur le Konkouré et l'intérêt pour ce site remonte aux années 1920. En effet, selon un rapport actualisé en septembre 2012, une mission américaine effectua les premières mesures de débit sur le Konkouré, notamment à Kaléta[83]. Depuis cette date, de nombreuses autres études ont été entreprises par le Gouvernement, les Cabinets internationaux ou organisations internationales dont la dernière en date est l'étude d'impact environnemental et social de Souapiti sur financement de la Banque africaine de développement. Selon un document produit par l'ingénieur Conseil COB produit en janvier 2003, (i) le potentiel hydroélectrique du Konkouré identifié est de l'ordre de 5.500 GWh/an dont 85 % environ sont garantis ; et (ii) les paliers aménageables identifiés sur les trois sites donneraient les résultats suivants : Garafiri (227/272 GWh/an ; Souapiti (2640/2825 GWh/an) ; Kaléta (980/1035

[83] *Cf.* « Souapiti : un site prometteur pour l'industrialisation de la Guinée et l'intégration énergétique sous régionale », Connaissance du potentiel hydroélectrique du fleuve Konkouré. Une synthèse préparée par Ousmane Tanou Diallo, Consultant Ingénieur électricien, Spécialiste en énergie.

GWh/an ; et Amaria (1020/1435 GWh/an. Seuls Kaléta et Garafiri (bien que la réalisation de ce barrage n'ait pas apporté les résultats escomptés) sont en exploitation. Il reste donc un potentiel de 4260 GWh/an à équiper.

Selon certaines projections, Souapiti seul, en phase de production, pourrait générer des revenus équivalents à 302,89 millions de dollars EU par an à partir de 2018 jusqu'en 2035[84]. L'hydroélectricité constitue donc une véritable mine d'or pour l'économie guinéenne, non seulement en termes d'augmentation de la capacité de production énergétique du pays et d'exportation, mais aussi en termes d'emplois et d'effets d'impulsion sur les activités des PME/PMI et des industries minières.

Les valeurs cibles fixées au secteur Energie à l'horizon 2015 semblent cependant hors de portée, tant le retard dans la réalisation des infrastructures est grand. En effet, atteindre un taux global d'électrification de 65 % (OMD) ou de 50 % (CEDEAO) avec 100 % pour les zones urbaines et 36 % en zone rurale sont une chimère. En revanche, ce qu'il est possible de faire est d'atteindre ces objectifs à l'horizon 2020 en prenant dès maintenant toutes les dispositions techniques et financières pour développer le potentiel hydroélectrique en vue d'atteindre ces objectifs.

Il est impérieux de mettre en œuvre une stratégie sectorielle basée sur les éléments suivants :

- Procéder au désengagement de l'Etat du secteur en mettant en place un cadre formel de partenariat Public – Privé (PPP).
- Favoriser une synergie Mine – Energie – Industrie. Avec la réalisation du complexe Konkouré

[84] *Cf.* Souapiti, op. déjà cité.

(Amaria-Souapiti-Kaléta), la Guinée pourra développer une industrie lourde basée sur la production d'aluminium et d'acier, au lieu de demeurer un pays exportateur de matières premières minières, comme c'est le cas actuellement.

- Maîtriser la consommation de l'énergie.

La Guinée est donc à coup sûr un pays à vocation hydroélectrique, même si le thermique domine pour l'instant avec une part de 68 %. A terme, il s'agit de faire un bon dosage entre (i) les grands barrages et les micro-barrages ; et (ii) le thermique, l'hydroélectricité et les énergies renouvelables afin d'assurer au pays un approvisionnement régulier et satisfaisant en électricité.

Sans électricité en quantité suffisante, il n'y a pas de développement. Les progrès réalisés dans les autres secteurs socioéconomiques dépendent de la disponibilité de l'énergie, en particulier l'industrie minière, l'industrie manufacturière, les PME/PMI, les hôpitaux, les télécommunications, etc.

Les difficultés rencontrées par EDG dans la desserte sont imputables aux facteurs suivants : (i) le retard dans le paiement de ses factures par l'Etat ; (ii) le soutien insuffisant de l'Etat dans les ajustements tarifaires nécessaires et dans l'introduction de réformes dans le secteur ; et (iii) l'incapacité d'EDG à effectuer les investissements essentiels, contrôler les coûts, améliorer les relations avec les clients, réduire les pertes techniques et commerciales et combattre la fraude. En outre, il existe un besoin de fourniture fiable d'électricité et de facturation si les problèmes en amont sont réglés, notamment la construction des barrages (Kaléta répond partiellement à ce besoin).

CHAPITRE DIX

TROISIEME PILIER : MEILLEURES EXPLOITATION ET UTILISATION DES RESSOURCES MINIERES

La transparence et la volonté politique sont déterminantes pour l'impact du secteur minier sur le développement économique et social

Les richesses minières de la Guinée ont été abondamment exploitées et mises en relief depuis le temps colonial. La Guinée est un pays généreusement doté par la nature du fait de son potentiel hydrologique, agricole et minier (bauxite, fer, or, diamant, titane, calcaire, uranium, manganèse, graphite, etc.).

Le pays possède les premières ressources mondiales de bauxite évaluées à 40 milliards de tonnes[85]. A ce chiffre, on pourrait ajouter 10 milliards de tonnes en prenant en compte les zones bauxitiques à faible teneur en alumine du Nord-Est de la Guinée (de Siguiri à Beyla). Ainsi, à raison de 20 millions de tonnes de bauxite produites par an sur 100 millions de tonnes consommées dans le monde, cela assurerait à la Guinée 2 500 ans, soit 25 siècles de production.

Pour le fer, le Sud-Est de la Guinée renferme les plus grands et riches gisements non encore exploités du

---

[85] *Cf.* Ibrahima Soumah, *Avenir de l'industrie minière en Guinée*, Editions l'Harmattan, Paris, 2006.

monde. La zone du centre-sud du pays abrite aussi un important gisement de minerai de fer. Les réserves connues à ce jour sont estimées à 12 milliards de tonnes de très haute teneur (au-dessus de 60 %).

Quant à l'or, les réserves sont prudemment estimées à plusieurs centaines de tonnes. Le Nord-Est du pays constitue l'épicentre d'importants gisements d'or. Les régions productrices sont Dinguiraye, Kouroussa, Siguiri et Mandiana. La production annuelle actuelle se situe autour de 35 tonnes.

Enfin, pour le diamant, les réserves dépassent les 30 millions de carats. En 2012, la production avoisinait les 333.000 carats.

D'autres substances minérales sont présentes dans le sous-sol guinéen, notamment l'uranium dans la région de Kissidougou (Firawa), le cuivre, le plomb, le zinc, le cobalt, le calcaire (40 millions de tonnes), le nickel (75 millions de tonnes), le graphite, etc. A ces substances, il faut ajouter des matériaux de construction, comme les roches ignées (granites, syénites, dolérites, gabbros, etc.) présentes dans la plupart des régions et les minéraux de sables noirs (ilménite, rutile, zircon, etc.)[86].

Depuis l'indépendance du pays en 1958, la croissance économique de la Guinée est tirée essentiellement par l'exploitation des mines, principalement la bauxite dont le pays est le premier exportateur mondial. En effet, la contribution du secteur minier au PIB tourne autour de 15 % (voir tableau 1). Sa part dans les recettes publiques s'est chiffrée à 210 millions de dollars EU en 2012. Les taxes à l'exportation du diamant, de l'or et la location des

---

[86] *Cf.* Guinea CPD Sector Profile mining, document déjà cité.

infrastructures constituent également des sources de recettes pour le Gouvernement. La location des infrastructures de CBG (Compagnie des Bauxites de Guinée) rapporte à l'Etat 6,5 millions de dollars US par an.

Selon la Banque mondiale, le secteur minier fournit plus de 10 000 emplois directs. En outre, plus de 200 200.000 exploitants sont actifs dans l'exploitation minière artisanale de l'or alluvionnaire et du diamant[87].

Au cours de la même période, les mines ont représenté 28,0 % à 31 % des recettes du Budget de l'Etat (voir tableau 1). Par rapport aux exportations totales du pays, leur part s'est chiffrée à 84,1 %; 88,9 % et 87,2 % respectivement en 2006, 2007 et 2008.

Tableau 1 : Contribution du secteur minier à l'économie guinéenne entre 2006 et 2011

Année	2006	2007	2008	2009	2010	2011
Montant (en milliers de Dollars US)	128,220	136,970	160,580	151,780	173,340	219,600
En % de recettes publiques	31.51 %	24.4 %	24.1 %	21.9 %	26.2 %	28.60 %
Contribution au PIB	14.4 %	14.5 %	15.8 %	14.7 %	14.5 %	14.2 %

Source : Ministère de l'Economie et des Finances, 2012.

En 40 ans d'exploitation, CBG a rapporté à la Guinée plus de 4 milliards de dollars[88] pour une production correspondante de bauxite de 400 millions de tonnes et

[87] *Cf.* Guinea CPD sector profile mining, 2013, un document présenté au Forum d'Abu Dhabi.

[88] *Cf.* Ibrahima Soumah, *Avenir de l'industrie minière en Guinée*, Editions l'Harmattan, Paris, 2006, Tableau de la page XII.

pour une valeur commerciale globale de 15 milliards de dollars US. La même quantité de bauxite transformée en alumine correspond en valeur à 80 milliards de dollars US, et en aluminium métal à 200 milliards de dollars US. Ces transformations qui rapportent plus d'argent sont des opérations industrielles et non simplement minières.

Malheureusement, la Guinée se situe à un bout de la chaîne et ne peut à ce niveau profiter, pour l'instant, des valeurs ajoutées liées à la transformation de la bauxite en alumine et celles de l'alumine en aluminium. Si la bauxite était transformée sur place en Guinée, on obtiendrait les effets suivants : deux tonnes de bauxite transformées donnent une tonne d'alumine. Mais, la valeur ajoutée est multipliée par dix, puisque la tonne de bauxite peut se vendre à raison de 30 dollars la tonne, alors que la tonne d'alumine peut se vendre à 300 dollars. Deux tonnes d'alumine transformées donnent une tonne d'aluminium pour une valeur multipliée par sept, le prix d'une tonne d'aluminium pouvant atteindre les 2000 dollars US[89].

En plus des valeurs ajoutées directes provenant de la transformation sur place, les effets additionnels de cette qualification de l'industrie minière guinéenne sont encore plus importants : créations de PME/PMI pour la sous-traitance indispensables au fonctionnement équilibré des unités de production de bauxite, d'alumine et d'aluminium. Chaque stade de transformation exigera des techniciens et cadres qualifiés et compétents qu'il faudra former.

---

[89] Le 1/09/2014, le prix spot de vente de l'aluminium était : 2114,00 dollars la tonne. Et le prix de vente à 3 mois à la même date était à 2099dollars la tonne.

Par ailleurs, si la Guinée avait tiré un meilleur profit de l'exportation de ce minerai, et si elle avait fait un meilleur usage des recettes d'exportation des minerais, elle serait sûrement classée aujourd'hui parmi les pays à revenus intermédiaires ou émergents.

Avec l'arrivée des *majors* dans notre pays depuis quelques années (BHP Billiton, Rio Tinto, Vale, etc.), les perspectives de développement des industries extractives sont bonnes et devraient amener le secteur minier à continuer à jouer un rôle moteur dans la croissance. Actuellement, deux grandes sociétés opèrent dans les mines d'or (la Société Minière de Dinguiraye (SMD – russe) et la Société Aurifère de Guinée (SAG) d'Anglo Gold Ashanti). En plus de ces sociétés, de nombreux exploitants artisanaux d'or et de diamant opèrent dans le pays. En ce qui concerne la bauxite et l'alumine, trois sociétés à savoir la Compagnie des bauxites de Guinée (CBG), la Compagnie des bauxites de Kindia (CBK), Alumina Company of Guinea – ACG-Rusal et la Société minière de Boké (SMB) sont actives. D'autres sociétés sont sur les rangs notamment pour exploiter le fer et la bauxite, notamment Rio Tinto/SIMFER, China Power Investment, Vale/BSGR, Bellezone, Chinalco, etc. Les investissements prévus se chiffrent à des milliards de dollars EU. Rien que pour le fer, des investissements de l'ordre de 18 milliards sont prévus pour une exportation annuelle de 250 millions de tonnes de fer (Banque mondiale, 2012). Mais, pour des raisons géostratégiques et compte tenu de la baisse du cours du minerai de fer, l'exploitation du Simandou risque d'accuser du retard.

Si ces projets voient le jour, la croissance du PIB pourrait être à deux chiffres avant l'horizon 2020. Et la

Guinée pourrait devenir un pays à revenu intermédiaire (PRI) et se placer dans la trajectoire des pays émergents d'Afrique. Mais, entre les intentions d'investissement et les investissements effectifs, il y a un fossé qu'il ne faut pas se hâter de combler rapidement. Cela dépend des incitations que le Gouvernement proposerait aux *majors* à travers le Code minier révisé. En matière d'exploitation minière, ce qui est important, c'est moins la participation nécessaire de l'Etat au capital des sociétés minières que les effets multiplicateurs des investissements sur le plan économique, financier, agricole, renforcement des capacités humaines et institutionnelles.

L'exploitation des mines profite d'abord aux sociétés minières et à l'Etat, à charge pour celui-ci d'en faire profiter les populations, en particulier à travers des projets d'infrastructures. Les mécanismes de transmission de ces effets bénéfiques sont biaisés, tandis que le développement de l'agriculture a un effet direct sur le niveau de vie des paysans, donc contribue plus significativement à la réduction de la pauvreté. En leur procurant des denrées alimentaires et des revenus, les paysans peuvent améliorer leur standing de vie (meilleur habitat, assurance de soins de santé, moyens de transport à travers l'achat de bicyclettes et de motos, etc.).

Il est donc nécessaire de diversifier l'économie en s'appuyant sur le secteur agricole comme noté plus haut et en tirant profit de l'énorme potentiel hydroélectrique du pays. Le déficit énergétique constitue une contrainte au développement des industries extractives et des opérations industrielles.

En développant ces trois piliers de la Stratégie de transformation de la Guinée (agriculture, énergie et mines), les effets multiplicateurs sur les autres secteurs ne manqueront de se faire sentir. Elles sont toutes génératrices d'emplois et de revenus. La fiscalisation des ressources naturelles rapporte beaucoup de ressources financières à l'Etat. Mais, l'agriculture et l'élevage ne sont pas fiscalisés. L'augmentation des revenus de l'Etat devrait apporter une grande contribution au financement des secteurs sociaux, notamment la santé et l'éducation. Et le gouvernement ne doit plus perdre de vue qu'il « *est nécessaire d'encourager des activités agricoles dès lors qu'une mine se développe, ne serait-ce que pour nourrir les centaines, voire les milliers d'employés qui y travaillent* »[90].

Le potentiel minier ne nourrit personne. Comme l'a dit Denis Thirouin, la classe politique guinéenne doit comprendre que, « *malgré les richesses et le potentiel du pays, souvent qualifié de "scandale géologique" d'une exceptionnelle qualité, aucune usine dans le monde ne s'est arrêtée faute d'approvisionnement en matière première guinéenne, que ce soit pour la production d'aluminium ou d'acier, les deux pôles d'excellence de la Guinée* ».

[90] *Cf.* La Guinée, sa « terre » : potentiels minier et agricole et son peuple : potentiel humain, par M. Denis Thirouin, expert minier, Secrétaire Général de la société Mifergui-Nimba.

CHAPITRE ONZE

QUATRIEME PILIER : AMELIORATION DE LA GOUVERNANCE, DE L'ETAT DE DROIT ET RENFORCEMENT DES CAPACITES

Tels des gnomes, nous devons bien garder les trésors de la République

La consolidation de la démocratie et de l'Etat de droit renforce à son tour la bonne gouvernance dans un pays.

La bonne gouvernance est devenue un terme un peu galvaudé en Afrique. Tous les pays du continent en parlent et les gouvernements s'engagent à la mettre en œuvre. Le Sénégal a même créé un Ministère chargé de la promotion de la bonne gouvernance ; le Burkina Faso a mis en place un Secrétariat permanent de la Politique nationale de bonne gouvernance ; et la Guinée a un Ministère des droits de l'homme et des libertés publiques.

Mais peu de pays appliquent tous ses principes fondateurs, à savoir : la participation des citoyens à la prise de décision, la primauté accordée au droit, la transparence, l'équité, l'efficacité, la responsabilité et le respect des engagements internationaux, régionaux et sous régionaux.

La bonne gouvernance est synonyme d'une meilleure distribution des richesses d'un pays, et une meilleure façon de le diriger et de le gérer.

« La bonne gouvernance serait de nature à garantir de meilleures performances économiques. La bonne gouvernance suppose l'existence de capacités institutionnelles, humaines et matérielles adéquates ainsi que des acteurs (l'administration publique, les pouvoirs exécutif, législatif et, judiciaire ainsi que la société civile) forts et qui s'équilibrent. »[91]

Gogue poursuit en disant que : « *La consolidation de la démocratie dans les pays africains demande une amélioration des conditions de vie des populations. Cette condition ne peut être remplie que si les gouvernants arrivent à améliorer les performances économiques de leurs pays ; ce qui à son tour exige la pratique de la bonne gouvernance. Il ressort de l'analyse que malgré les réformes de la fonction publique, des progrès dans le système éducatif et des programmes de renforcement institutionnel mis en place dans beaucoup de pays, les capacités institutionnelles et humaines actuelles des pays africains et l'efficacité de l'administration publique demeurent encore faibles. Les autres acteurs de la gouvernance qui doivent servir de contrepoids au pouvoir exécutif ne sont pas en mesure dans bien des cas à jouer efficacement leur rôle. Le renforcement des capacités institutionnelles et humaines des différents acteurs de la gouvernance constitue une priorité pour garantir la consolidation de la pratique de la bonne gouvernance dans les pays africains* ».

---

[91] *Cf.* Gouvernance en Afrique : Etat des lieux, *in* Etudes et Recherches économiques n° 67, Banque Africaine de Développement, par Tchabouré Aimé Gogue, Faculté des Sciences Economiques et Sciences de Gestion (FASEG), Université de Lomé.

La Guinée a, pour sa part, fait un pas vers la création des conditions d'une bonne gouvernance en mettant en place à partir de 2010 les institutions républicaines : un Président démocratiquement élu pour la première fois dans l'histoire du pays, une Assemblée nationale, la Cour Suprême, la Cour des Comptes et la Cour Constitutionnelle. Toutes ces institutions doivent œuvrer pour satisfaire les besoins des populations guinéennes en matière de droit.

L'adhésion de la Guinée, qui est un pays minier, à l'ITIE (Initiative de transparence dans les industries extractives) est un pas vers le renforcement de la transparence dans la gestion des ressources minières, l'ITIE étant un bon instrument de promotion de la bonne gouvernance.

La presse est libre et s'exprime donc sur les questions d'intérêt national sans entrave. Il existe même des hebdomadaires satiriques qui n'épargnent pas les gouvernants dans leurs railleries. Mais les organisations de la société civile ne pèsent pas encore suffisamment sur les décisions politiques et économiques, pour constituer, avec les médias, un contre-pouvoir réel, comme dans les pays de vieille démocratie.

Les partis d'opposition s'expriment et se réunissent librement pour faire valoir leur position sur les questions engageant l'avenir du pays. Mais, les manifestations violentes résultent souvent des désaccords entre le Gouvernement et les partis de l'opposition sur les calendriers électoraux et les résultats des élections.

Des mesures ont été prises pour créer un environnement propice au secteur privé : augmenter l'offre énergétique, création d'un Guichet unique pour les formalités de création d'entreprises ou Agence de promotion des investissements privés (APIP), réduction du délai d'obtention du permis de construction, etc. Toutefois, le besoin d'une justice impartiale rassurant le citoyen et l'investisseur se fait sentir, même si les réformes du système judiciaire (mise en place du Conseil Supérieur de la Magistrature) vont de plus en plus dans ce sens.

Dans l'administration publique, des moyens humains, matériels, techniques et financiers ont été mis en place pour mieux satisfaire les besoins des administrés, mais le citoyen ordinaire a encore du mal à obtenir les services souhaités sans effectuer, lui-même, des démarches multiples pour suivre son dossier dans le circuit administratif, perdant ainsi du temps, de l'énergie et parfois dépensant ses propres deniers. La création au niveau du Ministère de la Justice de la Direction nationale de l'accès au droit et à la Justice devrait corriger cette situation.

Des ressources financières sont mobilisées, mais leur investissement dans des projets d'intérêt public connaît souvent beaucoup de déperdition qui en atténue l'impact sur l'amélioration des conditions de vie des populations.

La décentralisation demeurant une œuvre inachevée, la responsabilisation et la participation à la base en sont pénalisées. Cela nuit à la bonne gouvernance locale.

Il est nécessaire de mettre en place des garde-fous pour éviter les détournements de fonds, en rendant la justice impartiale et accessible à tous les citoyens, y compris ceux qui sont les plus démunis. Sans une justice à l'abri de la corruption, les investisseurs manqueront d'assurance, qu'ils soient guinéens ou étrangers. En général, les investissements directs étrangers recherchent davantage les pays où les institutions sont fortes, les lois appliquées de façon objective et dans des conditions de transparence optimales.

Il faut retenir enfin que l'éthique et la compétence technique doivent être beaucoup plus prises en compte dans la promotion des cadres aux plus hautes fonctions de l'Etat[92]. La nomination de fonctionnaires dont la probité est contestable renvoie une mauvaise image de l'administration publique vers les jeunes. Ceux-ci risquent de tempérer leurs efforts à l'école, convaincus qu'ils sont que l'excellence ne paie pas, d'autres critères plus subjectifs étant pris en compte pour la nomination et la promotion des travailleurs.

Le chapitre 2 explicite suffisamment les conditions, les effets bénéfiques d'une bonne gouvernance dans un pays. Le principal enseignement à retenir, c'est qu'il faut donner plus de force aux institutions, de façon à ce que l'ancrage de l'Etat de droit soit de plus en plus solide.

Ce qu'il faut retenir également, c'est que sans une bonne gouvernance, les bénéfices obtenus au niveau des trois premiers piliers précédents (agriculture, électricité et mines) seront fortement limités et leurs effets positifs sur les populations et le développement économique et social faibles.

En raison de son caractère transversal, la bonne gouvernance est une condition sine qua non du meilleur avantage que l'on peut tirer du développement du secteur agricole, de l'exploitation du potentiel hydroélectrique et du secteur des mines. Cela explique son positionnement comme quatrième pilier.

---

[92] *Cf.* Mamadi Camara, *Où va la Guinée ?* Editions l'Harmattan, Paris, 2010, « l'Art des nominations », pages 33-37.

La bonne gouvernance est une condition sine qua non du développement économique et social. Elle donne une indication sur la manière dont les ressources financières obtenues des trois premiers piliers sont utilisées, soit dans l'intérêt du plus grand nombre, soit dans celui d'une minorité. Tous les pays africains qui en font un sacerdoce ont tous connu de réels progrès économiques au cours des 20 dernières années[93].

La persistance (i) de la pauvreté dans les pays africains, et (ii) des vagues de migrations vers l'Europe, malgré les drames humains qui les accompagnent souvent, ne peut être inversée qu'à condition que la bonne gouvernance soit partout une réalité.

On ne peut gouverner un pays sans éthique et espérer réaliser des progrès. On ne peut gouverner un pays en laissant s'instaurer l'impunité, et espérer enregistrer des progrès significatifs dans la réduction de la pauvreté.

L'amélioration de la gouvernance est un impératif parce que la bonne gouvernance améliore le système politique, donne de la force aux institutions et rend possible la mise en œuvre des politiques publiques dans l'intérêt de la majorité de la population.

En guise de conclusion aux chapitres consacrés aux piliers de la stratégie de transformation de la Guinée, il faut insister sur le fait que tous les acteurs de la vie publique et privée doivent avoir une mentalité de développement, sans laquelle la mise en œuvre des projets et programmes de développement de la Guinée rencontreront des obstacles qui nuiront à l'obtention des effets escomptés.

---

[93] Il s'agit notamment du Botswana, du Cap-Vert, de Maurice et des Seychelles.

CHAPITRE DOUZE

L'EXEMPLE DU CAP-VERT

Ce que les hommes et les femmes ont pu réaliser comme progrès dans ce pays pourtant lourdement handicapé par sa géographie impressionne tous les observateurs. A partir de peu, ils ont réalisé beaucoup en un temps relativement court.

Il existe une large gamme de pays en Afrique, incluant des Etats fragiles, des pays post-conflit, des pays faisant partie de la catégorie des moins avancés et des pays à revenu intermédiaire. Mais, jamais, un pays aussi mal doté en ressources naturelles et de terres propices à l'agriculture n'avait réalisé des progrès aussi importants. Le parcours de ce petit pays insulaire peut être source d'inspiration pour d'autres pays africains.

L'histoire et la géographie

Le Cap-Vert est un petit pays insulaire composé de 10 îles éparpillées[94] dans l'océan atlantique, au large des côtes du Sénégal, de la Gambie et de la Mauritanie. Ce pays au territoire discontinu et couvrant une superficie de 4033 km² aurait été découvert en 1460 par les Portugais. Mais, une autre version de l'histoire du pays fait état de la

---

[94] *Cf.* Michel Lesourd, Insularisme et développement en République du Cap-Vert, Laboratoire d'Etudes des régions arides, Université de Rouen, Février 1994.

présence de pêcheurs sénégalais, arabes et grecs avant l'arrivée des Portugais.

Tour à tour comptoir d'un commerce plus ou moins florissant entre le Portugal et l'Afrique de l'Ouest, lieu de transit dans le commerce triangulaire des esclaves entre l'Europe, l'Afrique et l'Amérique, le peuplement des îles se fait progressivement en fonction du potentiel que chacune présente. Aujourd'hui, les métis, mélange d'Européens et d'Africains descendants d'esclaves, représentent 80 % de la population totale.

Toutes les îles composant l'archipel sont d'origine volcanique (Santiago, Boa Vista, Fogo, Sao Tiago, Maio, Sal, Sao Nicolao, Santa Luzia, Sao Vicente et Santo Antao). Elles ont un relief escarpé avec des terres couvertes de cendre volcanique pauvre en végétation. L'île de Fogo abrite le point culminant (2829 m) du pays, dénommé le *Pico do Fogo* qui a enregistré une coulée de lave en 1995. Le climat se caractérise par de fréquentes périodes de sécheresse, et le pays est souvent balayé par des tempêtes de sable venues du Sahara. La plupart des 9 îles habitées présentent un paysage sahélien fait de petites collines avec une végétation de type désertique. Cette terre aride est en grande partie impropre à l'agriculture et la pluviométrie est faible (250 mm d'eau par an en moyenne, alors que la Guinée en reçoit 4000 mm en moyenne dans la région de Conakry).

Lutte de libération et processus démocratique en marche

La colonisation portugaise durera 600 ans. C'est en 1956 qu'un mouvement de libération se crée hors de l'archipel, en Guinée-Bissau avec la création du Parti africain pour l'indépendance de la Guinée-Bissau et des îles du Cap-Vert (PAIGC), par un ingénieur agronome capverdien, Amilcar Cabral et ses compagnons, dont son jeune frère Luis Cabral et Aristides Pereira. Une lutte armée menée essentiellement en Guinée-Bissau, opposera le PAIGC au Portugal jusqu'en 1974, date à laquelle Antonio Salazar fut déposé par Spinola, ouvrant ainsi la voie à des négociations avec le PAIGC qui aboutiront à l'indépendance de la Guinée-Bissau en octobre 1974 avec Luis Cabral comme premier Président. Et quelques mois plus tard, le 5 juillet 1975, le Cap-Vert accéda à son tour à la souveraineté internationale avec comme premier Président Aristides Pereira.

Après le coup d'Etat de 1980 qui verra le renversement de Luis Cabral par Joao Bernardo Vieira (alias NINO), ancien maquisard de Guinée-Bissau, l'archipel se détache de la Guinée-Bissau et crée le PAICV, parti africain pour l'indépendance du Cap-Vert. L'Etat unitaire prend fin et le Cap-Vert crée ses propres symboles de la souveraineté nationale : drapeau, hymne national, armoiries, etc.

En 1990, à la suite de la chute du Mur de Berlin et du bloc soviétique, le Cap-Vert instaure le multipartisme. Au total, il existe 8 partis dont les trois principaux sont le PAICV, le Mouvement pour la Démocratie (MpD) et l'Union Cap-verdienne Indépendante et Démocratique (UCID) qui disposent de députés à l'Assemblée nationale. En 1991, les premières élections multi partisanes porteront au pouvoir le MpD. Le gouvernement engagea alors un vaste programme de privatisation qui donna l'impression de brader les richesses du pays aux Portugais, avec des conséquences sociales désastreuses. Le MpD paiera les conséquences des privatisations qui ont eu un coût social très élevé, et le PAICV revint au pouvoir à l'occasion des présidentielles de 1996.

A partir de 1991, quatre élections présidentielles se sont déroulées, voyant les deux grands partis assurer l'alternance au pouvoir, à savoir le MpD et le PAICV. Dans la législature en cours depuis 2012, on assiste à une cohabitation apaisée dans laquelle le Président est du MpD et le Premier Ministre du PAICV, vainqueur aux élections législatives. Ces pratiques démocratiques dignes des vieilles démocraties occidentales illustrent le degré de maturité atteint par le pays dans la gouvernance politique, et font du Cap-Vert un pays exemplaire sur le plan de la démocratie.

L'ancien Président de la République, Pedro Pires, a été le lauréat du Prix Mo Ibrahim, récompensant les dirigeants africains qui ont le plus œuvré pour la bonne gouvernance. Pires est considéré comme l'un des principaux artisans du progrès économique et social du Cap-Vert. C'est sous sa présidence que l'ONU a accordé, par résolution, le statut de pays à revenu intermédiaire en 2008 au Cap-Vert. Au terme de deux mandats, il a quitté le pouvoir en 2011 après avoir organisé des élections présidentielles que son propre parti, le PAICV, a perdues.

Les clés du succès

Quatre principaux facteurs sont à la base des performances économiques et sociales du Cap-Vert : le renforcement du capital humain, la bonne gouvernance économique et financière, la stabilité socio-politique et la solidité des institutions, et les transferts de la diaspora et l'aide internationale. Ces performances remarquables se sont appuyées sur des réformes et des politiques de développement et de lutte contre la pauvreté.

Conscientes du manque de ressources naturelles de leur pays, les autorités ont massivement investi dans le secteur de l'Education. Et les résultats obtenus sont frappants : le taux de scolarisation a été porté à plus de 90 % ; le taux d'alphabétisation des adultes est l'un des plus élevés d'Afrique (84,8 %), soit un taux supérieur à la moyenne de l'Afrique subsaharienne (61,6 %). La parité fille/garçon est quasiment atteinte dans le primaire : en 2009/10, on dénombrait 48 % de filles contre 52 % de garçons. Dans le secondaire, le nombre de filles dépasse celui des garçons (54 % contre 42 %). En plus de ces progrès, l'élite est particulièrement coachée pour avoir une formation répondant aux exigences de la vie moderne. Les cadres assumant des fonctions de direction dans l'administration publique maîtrisent pour la plupart, en plus du portugais, l'anglais et/ou le français.

Le second facteur de succès est la bonne gouvernance économique et financière. Dans la gestion des finances publiques, le pays a engagé des réformes profondes qui ont fait reculer la corruption et instaurer la transparence. C'est la cause principale des bons scores obtenus par le pays dans les indicateurs internationaux de gouvernance. Le Cap-Vert occupe (i) le 2ème rang parmi les 53 pays de l'Afrique subsaharienne dans l'indice *Mo Ibrahim* 2011 de la gouvernance africaine ; (ii) le 45ème rang sur 178 pays au titre de l'indice 2010 de perception de la corruption de *Transparency International*, soit la 3ème meilleure performance dans cette partie de l'Afrique. La création de la Maison du Citoyen, qui dispose d'agences dans le pays et d'un site en ligne, donne la possibilité à tous les Capverdiens d'avoir accès aux informations sur le fonctionnement de l'administration publique (données budgétaires notamment), sa gestion et des formalités spécifiques (pour la création d'entreprises par exemple).

Le troisième facteur a trait à la stabilité sociopolitique et la solidité des institutions. Depuis l'accession du pays à l'indépendance en 1975, les alternances au pouvoir entre les deux grands partis s'effectuent en douceur et de manière policée. Il existe même des périodes de cohabitation à la tête de l'Etat, comme ce fut le cas au terme des élections présidentielles tenues le 7 août 2011 avec un second tour le 21 août 2011, qui ont abouti à l'élection du candidat du MpD, Jorge Carlos FONSECA, comme Président de la République avec 53,4 % contre le candidat du PAICV, Manuel Inocencio SOUSA, avec 46,6 % des suffrages exprimés. Mais les élections législatives du 6 février 2011 ont vu triompher le PAICV, ouvrant ainsi la voie à une cohabitation dans la conduite des affaires publiques.

Comme corollaire de ces trois facteurs qui en garantissent la bonne utilisation, le quatrième facteur est l'aide internationale et les transferts de la diaspora. Ceux-ci constituent la quatrième clé des performances socio-économiques du Cap-Vert. Les transferts des 700 000 capverdiens résidant à l'étranger (Etats-Unis, Portugal, France, Pays-Bas) représentent chaque année près de 10 % du PIB. Les économies transférées par la diaspora sont une véritable manne pour le pays : 145 millions dollars US en 2009, soit 9,1 % du PIB et 292,33 dollars US par habitant. L'aide publique au développement s'est chiffrée à 196 millions dollars US en 2009, soit 9,12 % du PIB et 395,16 dollars US par habitant. Les IDE se sont établis à 9,3 milliards d'escudos capverdiens (CVE)[95] en 2010 pour baisser d'un tiers en 2011 à 6,1 milliards CVE[96]. En outre, le Cap-Vert est un important bénéficiaire des ressources financières de la Millenium Challenge Corporation. Enfin, le pays abrite depuis le 25 mars 2011, le Centre des opérations de sécurité maritime (COSMAR), financé à hauteur de 3 millions de dollars par les fonds américains du projet USAFRICOM. Les principaux bailleurs de fonds bilatéraux et multilatéraux sont : le Portugal, les États-Unis, le Luxembourg, les Pays-Bas, l'Autriche, l'Union européenne, la Banque mondiale et la Banque africaine de développement.

C'est en s'appuyant sur ces quatre facteurs que le Gouvernement a enclenché le développement économique et social du pays. Pour ce faire, il a élaboré un document de vision à long terme dénommé Stratégie de transformation économique (STE) et un Document de stratégie pour la croissance et la réduction de la pauvreté (DSCRP) pour mettre en œuvre sur des cycles de 4 ans les objectifs de développement de la STE.

En l'absence de ressources naturelles, le Cap-Vert a axé son développement sur les services qui ont représenté 80 % du PIB en 2010. Au cours de la dernière décennie, le pays a misé sur le développement du tourisme qui domine le secteur des services ou secteur tertiaire (80 %) et contribue pour 26 % au PIB. C'est le tourisme qui est la destination de la majeure partie des investissements

---

[95] L'escudo, la monnaie du Cap-Vert, est arrimé à l'euro depuis 1999. 1 Euro équivaut à 110 escudos capverdiens.

[96] *Cf.* Perspectives économiques pour l'Afrique en 2012, Note pays du Cap-Vert.

directs étrangers, favorisant ainsi les activités dans les BTP (bâtiments et travaux publics) et l'immobilier.

Le Cap-Vert a été retiré de la liste des pays les moins avancés (PMA) en janvier 2008, en raison de la stratégie de transformation économique qui a été définie par le gouvernement. Depuis 1997, le Gouvernement met sur pied des stratégies de réduction de la pauvreté qui se transformeront en stratégies de croissance et de réduction de la pauvreté dans les années 2000. En mai 2008, les autorités ont élaboré le deuxième Document de stratégie pour la croissance et la réduction de la pauvreté (DSCRP-II) avec une approche participative incluant toutes les parties prenantes du pays. Le DSCRP-II s'articule autour des principaux objectifs suivants : réduire le chômage à un taux inférieur à 10 %, atteindre un taux de croissance économique réelle accélérée supérieur à 10 % et réduire de moitié la pauvreté. Le Cap-Vert fait partie des rares pays africains qui ont atteint un bon nombre des OMD en 2015. Les taux de croissance économique affichés au début du millénaire ont contribué à faire reculer la pauvreté. La proportion de la population vivant en dessous du seuil de pauvreté a baissé de 49 % en 1988-89, à 37 % en 2001-2002 et à 27 % en 2007[97].

Au cours des dix dernières années (2002-2012), le pays a affiché une croissance moyenne de 6,1 %, avec un pic de 10,8 % en 2006. Mais, sous l'effet de la crise financière internationale et de la crise de la dette en Europe (l'escudo cap-verdien est arrimé à l'euro depuis 1999), la croissance économique s'est ralentie, en s'établissant à 3,6 % en 2009, avant de rebondir à 5,4 %

[97] *Cf.* Cap-Vert : Fiche pays, septembre 2009, Banque mondiale.

en 2010 et 5 % en 2011. Ces années de croissance robuste ont été suivies par des périodes de croissance à taux modérés : 1,9 % en 2014, 1,5 % en 2015 et 3,2 % en 2016. L'inflation qui avait atteint un taux de 6,8 % en 2008 a diminué à 2,1 % en 2010 pour se stabiliser à 0,1 % en 2015[98] et devrait se maintenir à un niveau faible au cours des prochaines années. L'économie repose sur le secteur des services qui représente 80 % du PIB avec le tourisme comme secteur moteur. L'agriculture au sens large du terme ne contribue que pour 11 % au PIB et l'industrie et l'énergie pour 9 %. Les exportations demeurent marginales, le pays n'exportant que du poisson et du textile. Dépourvu de ressources naturelles et de terres cultivables, le pays a misé sur le développement des services qui attirent beaucoup d'investissements directs étrangers. « *Ces progrès ont permis au Cap Vert de passer en 2008 de la catégorie des pays moins avancés (PMA) à celle des pays à revenu intermédiaire (PRI) et d'être classé parmi les premiers pays africains du point de vue de la gouvernance* »[99].

Malgré ces progrès économiques et sociaux, le Cap-Vert fait face à des défis d'une grande importance, principalement le chômage qui touche 10,7 % de la population en 2010 contre 13,1 % en 2009. Le chômage est plus prononcé chez les jeunes (les jeunes de 15-24 ans constituent 50 % de la population active), les femmes et

---

[98] CF. Cape Verde : Consultation 2016 Article IV, Press release n° 16/531, International monetary international, November 29, 2016.

[99] *Cf.* Cap-Vert : l'Evaluation de l'assistance de la Banque 1996-2007, Département de l'évaluation des opérations (OPEV), 15 octobre 2009, Groupe de la Banque africaine de développement.

les populations rurales. En 2010, on dénombrait 20,1 % de jeunes sans emploi[100].

Principaux enseignements

En moins de 20 ans (1991-2008), le Cap-Vert est sorti de la catégorie des pays les moins avancés (PMA) pour se hisser au rang des pays à revenu intermédiaire (PRI) sur l'échelle des Nations Unies. Les handicaps de la géographie ont dicté aux dirigeants du pays la voie à suivre pour assurer le développement économique et social du Cap-Vert, en comptant sur quatre principaux facteurs : le tourisme, les transferts de revenus de la diaspora, l'aide extérieure et la bonne gouvernance politique, économique et financière.

Ainsi, « *une croissance économique forte et le recul de la pauvreté peuvent être obtenus par une combinaison de politiques adéquates de réformes, de bonne gouvernance, de développement axé sur la réduction de la pauvreté, et de mobilisation accrue des ressources extérieures* »[101].

Le développement économique vigoureux du Cap-Vert au cours des 10 dernières années montre qu'un pays dépourvu de ressources naturelles peut sortir de la trappe de la pauvreté en transformant le handicap de la géographie en avantage, en s'appuyant principalement sur les vertus de la bonne gouvernance. En effet, la bonne gouvernance, lorsqu'elle imprègne la gestion des affaires publiques, provoque des effets multiplicateurs sur la mobilisation des ressources internes et externes qui

---

[100] *Cf.* Perspectives économiques pour l'Afrique en 2012, Note pays du Cap-Vert.

[101] *Cf.* Cap-Vert : Evaluation de l'assistance de la Banque 1996-2007, document déjà cité.

serviront au financement des programmes économiques du gouvernement. De fait, la bonne gouvernance catalyse la mobilisation des ressources financières extérieures de la part de l'Etat. La stabilité politique et économique attire dans le pays les investissements étrangers (IDE et aide publique au développement) et les transferts de revenus des nationaux résidant à l'étranger. Elle attire également les touristes étrangers qui pendant leur séjour dépensent en payant leurs frais de séjour dans les hôtels et en achetant des objets souvenirs. Cela crée des besoins d'infrastructures hôtelières qui à leur tour fouettent les activités dans les BTP. Au final, les mécanismes de transmission de ce cercle vertueux permettent de répercuter les effets de la bonne gouvernance dans tous les secteurs de l'économie nationale.

Si un pays démuni peut faire des exploits, pourquoi pas un pays généreusement doté par la nature ? Ce qui manque dans les pays regorgeant de richesses naturelles (pétrole, mines, agriculture, etc.), c'est l'organisation et la méthode, et un sens élevé de l'intérêt de l'Etat, du patriotisme, du sens de l'histoire. Tous ces ingrédients se retrouvent dans la bonne gouvernance. En effet, en élaborant et en appliquant rigoureusement un code de bonne conduite dans la gestion des affaires publiques, les dirigeants d'un pays se donnent les moyens d'exploiter les ressources nationales dans l'intérêt supérieur des populations. Ces graves lacunes intérieures ont aussi été favorisées ou permises par les pratiques corruptives de nombreuses sociétés étrangères.

En appliquant les principes de bonne gouvernance comme le Cap-Vert, les pays bénéficiant de ressources naturelles abondantes peuvent obtenir des résultats plus importants en un laps de temps plus court, la nature leur « facilitant » l'atteinte de leurs objectifs de développement économique et social.

CHAPITRE TREIZE

L'EXEMPLE DU GHANA

Ancienne colonie britannique devenue indépendante le 6 mars 1957, le Ghana abandonne son ancien nom colonial de Côte de l'Or (*Gold Coast* en anglais en raison de nombreuses mines d'or du pays exploitées par les colons britanniques), pour prendre celui de Ghana en hommage à l'ancien Empire du Ghana. C'est le premier pays des colonies britanniques en Afrique à accéder ainsi à l'indépendance (après le Libéria qui a obtenu la sienne en 1847) sous le leadership de l'*Osagyefo* Dr Kwame N'Krumah qui deviendra le premier *Prime Minister* en 1957 et le premier Président le 1er juillet 1960 lorsque le pays devint une République. NKrumah se révélera un grand panafricaniste et fut l'un des pères fondateurs de l'Organisation de l'Unité africaine. Sur le chemin de l'indépendance, le Ghana sera suivi en 1958 par la Guinée avec laquelle il tissera des liens de coopération politique très étroits.

Le Ghana est situé en Afrique de l'Ouest au bord du Golfe de Guinée. Il s'étend sur une superficie de 239 360 km² avec un littoral de 539 km et des frontières avec la Côte d'Ivoire à l'Ouest, le Burkina Faso au nord et le Togo à l'est. Il compte une population estimée à 25 millions d'habitants en 2013.

Le Ghana est doté de richesses naturelles abondantes dont les produits agricoles, à savoir le cacao, le bois, le café, l'acajou, l'ananas qui sont exportés. Le Ghana est le deuxième pays exportateur de cacao avec une production qui a atteint 1 million de tonnes en 2010-2011, la Côte d'Ivoire étant le premier producteur mondial avec 1,4 million (sources officielles ivoiriennes). De fait, 4 pays africains fournissent 72 % de la production mondiale de fèves (la Côte d'Ivoire, le Ghana, le Nigéria et le Cameroun)[102]. Selon le professeur I.Y.Opoku, Directeur exécutif adjoint du *Cocoa Research Institute of Ghana*, basé à Accra, la culture de cacao contribue pour 30 % au PIB et emploie 600 000 planteurs. En outre, la forêt constitue l'une des richesses du pays. Selon la Commission Forestière du Ghana, les exportations de bois et produits forestiers se sont chiffrées à 251 364 m3 en 2012[103].

Le sous-sol contient des richesses minières variées, principalement l'or, dont le pays est le 8ème producteur mondial et le deuxième du continent après l'Afrique du Sud (la production aurifère du Ghana s'est établie à 100 tonnes en 2011[104] ; et récemment, la production d'or en volume a augmenté de 46 % pour atteindre un seuil de 4,43 millions d'onces en 2016 contre 2,84 millions en 2015)[105], le diamant, le manganèse et la bauxite, et

[102] *Cf.* Document officiel de la Conférence des pays membres de l'Alliance des pays producteurs de cacao (Copal), qui se sont retrouvés à Yaoundé, au Cameroun, du 08 au 12 octobre 2012 dans le cadre de leur 75ème assemblée générale.

[103] *Cf.* Agence Ecofin Agro du 16 avril 2013.

[104] *Cf.* Laurent Curau, Fondateur@cafedela brousse.com, le 19 novembre 2012, tire des publications du World Gold Council.

[105] *Cf.* Intellivoire, du 2 juin 2017. Selon la Chambre des Mines du Ghana, en 2016, la production d'or a augmenté de 55 % pour une valeur de 5,15 milliards de dollars US.

récemment le pétrole et le gaz. Le Ghana se classe en troisième position en termes de réserves pétrolières en Afrique au sud du Sahara, loin derrière le Nigéria et l'Angola. En effet, les réserves pétrolières du Ghana se chiffrent à environ 490 millions de barils contre 37 200 millions de barils pour le Nigéria et 9 500 barils pour l'Angola. En 2011, la production a atteint 80 000 barils par jour contre 2 millions de barils par jour en moyenne pour le Nigéria[106]. Entre 2011 et 2015, les revenus pétroliers se sont chiffrés à 3,208 milliards de dollars US pour une production totale de 161,7 millions de barils. En 2016, l'exportation de pétrole a rapporté à l'Etat 247,18 millions de dollars US contre 396,17 millions en 2015[107], à la suite de la chute du prix de l'or noir sur le marché international.

Mais, comment un pays en proie à des soubresauts récurrents marqués par des coups d'Etat et des tentatives de coups d'Etat dans les deux premières décades de son indépendance a-t-il pu se relever pour devenir un cas de bonnes pratiques en matière de gouvernance politique, économique et financière ?

Les clés du succès

La trajectoire du Ghana est un cas de réussite relative et encourageante qui mérite une attention particulière dont on peut tirer beaucoup de leçons en matière de gouvernance politique et économique.

---

[106] *Cf.* Ghana : Document de stratégie pays 2012-2016, Banque africaine de développement, ORWA, 2012.

[107] *Cf.* 2016 Annual Report on The Petroleum Funds, Republic of Ghana, 2017.

Première clé : une démocratie élargie et des progrès de l'éthique se sont imposés

Le Ghana a connu le multipartisme depuis les années 1950, système interrompu en 1960 par le premier Président du pays, *Osagyefo* Kwame N'Krumah, qui a instauré le monopartisme à partir de cette date. Après le coup d'Etat de 1966 qui le renversa, les périodes de pouvoir civil ont été constamment interrompues par des dictatures militaires. En 15 ans, de 1966 à 1981, la vie politique a été marquée par quatre coups d'Etat et trois tentatives de coups d'Etat en 1982, 1983 et 1984. Cette instabilité politique a eu des conséquences désastreuses sur l'économie ghanéenne. En effet, le niveau du PIB réel par habitant du Ghana a enregistré une baisse d'environ 40 % en début de 1983, et la monnaie nationale s'est considérablement affaiblie.

Toutefois, la dictature militaire a permis à Jerry Rawlings d'instaurer par la force un code de conduite en matière de gestion financière et un meilleur respect des biens publics. En punissant parfois des personnes proches de sa famille, Rawlings a développé le sens de la responsabilité morale et le principe de responsabilité et de probité dans la vie publique[108]. C'est sur la base de cette éthique qu'il a progressivement renforcé la démocratie, les institutions et le respect des lois.

La stabilisation du pays n'interviendra qu'à partir du 28 avril 1992 avec l'adoption d'une nouvelle Constitution instaurant le multipartisme, le libéralisme et un équilibre des pouvoirs avec une séparation des pouvoirs exécutif,

[108] Cf. Political History, culled from the booklet « Ghana – a brief guide », a publication of the Ghana Information Services Department 1994.

législatif et judiciaire. L'élection de Jerry Rawlings le 3 novembre 1992 et la proclamation de la 4ème République le 7 janvier 1993 marquent le début du renforcement des institutions dans la gouvernance politique du Ghana. Lors de chaque élection générale (il y en a eu sept depuis 1992), le pays fait montre d'une maturité démocratique croissante avec des taux de participation élevés, comme ce fut le cas lors des élections présidentielles de décembre 2012 (80,1 %). Le Ghana devint ainsi le pays le plus stable et la nation la plus prospère en Afrique de l'Ouest[109].

La vie politique est dominée par deux grands partis : le *New Patriotic Party* (NPP) et le *National Democratic Congress (NDC)*. Souvent, les partis d'opposition ont des prises de position constructives et les mêmes objectifs que le pouvoir en place. Seuls diffèrent les chemins qui y mènent. Par exemple, pendant la campagne électorale pour les élections présidentielles de 2012, le NDC au pouvoir et le NPP avaient tous placé au centre de leurs programmes la valorisation des ressources humaines au travers, d'une part, l'assurance santé pour tout ghanéen et, d'autre part, le renforcement de l'éducation de base. Au niveau de l'éducation, seules les approches différaient. Quand le premier voulait y parvenir en passant par la construction des infrastructures scolaires, la formation et la qualification des enseignants puis la gratuité de l'enseignement, le second proposait la gratuité immédiate de l'enseignement du primaire au secondaire.

Il faut indiquer que depuis son indépendance, et même pendant les périodes d'instabilité politique, l'importance

---

[109] Cf. Political History, op. déjà cité.

accordée à l'éducation a toujours été une constante au point qu'elle est rendue obligatoire depuis la Constitution de 1961 (*The Education Act of 1961*) à aujourd'hui avec *The Free Compulsory Universal Basic Education* – FCUBE – (Constitution de 1992). Sûrement, ceci explique en partie l'évolution remarquable de la culture politique de ce pays, qui en fait un exemple dans la sous-région, en matière de solidité des institutions politiques.

A chaque étape du renforcement de la démocratie, les responsables font preuve d'une grande maturité politique. Contestant les résultats des élections de 2012, le NPP a déposé des recours en annulation devant la Cour Suprême, mais s'en est tenu aux arrêts de celle-ci, qui a confirmé sa défaite, sans manifestations de rue.

Les institutions fonctionnent donc de façon satisfaisante, le pouvoir exécutif étant contrôlé par le pouvoir législatif, les organisations de la société civile et la presse qui s'est beaucoup développée ces dernières années. Selon le Docteur Gyimah-Boadi, Directeur du *Ghana Center for Democratic* Development *(CDD)* : « Il y a vingt ans, la liberté de la presse était activement réprimée. Aujourd'hui, nous comptons plus de 140 chaînes radiophoniques commerciales et une cinquantaine de chaînes de télévision privées, et le nombre de journaux et de magazines est devenu immense. Chaque matin, l'un ou l'autre des ministres doit venir s'expliquer sur sa politique dans une émission à la radio. Autrefois, ceci était inimaginable ». Cette grande liberté d'expression a été consacrée par le *Freedom of Information Bill* (projet de loi sur l'accès à l'information) et le *Whistle Blowers Bill* (projet de loi sur la protection des dénonciateurs d'abus) soumis au gouvernement en 2004.

Les performances du Ghana en termes de renforcement de la démocratie et de stabilité politique constituent le socle sur lequel le pays a assuré son expansion économique. Ainsi, à partir du milieu des années 1980, une reprise durable s'amorce qui ira crescendo les années suivantes[110].

Deuxième clé : des politiques économiques bien exécutées

On distingue trois repères dans l'évolution économique du Ghana : la période 1960-1964 marquée par une forte croissance économique sous la dynamique d'un processus d'industrialisation afin de remplacer les importations de biens et services.

La période 1965-1983 a été suivie par une instabilité politique avec notamment le coup d'Etat qui renversa Kwame N'Krumah en 1966. Les politiques économiques sont alors devenues incohérentes, le contrôle des prix et des changes a été instauré.

La période 1983-2000 voit le lancement d'un vaste programme de redressement économique visant à réduire la mainmise sans partage de l'Etat sur l'économie et rétablir la stabilité macroéconomique. L'exécution rigoureuse de ce programme a permis la résorption des déséquilibres macroéconomiques et la réduction de l'inflation. Résultat : le taux de croissance du PIB s'est établi à une moyenne de 4,5 % entre 1983 et 2000. C'est à partir de cette époque que le Ghana acquiert la réputation de « bon élève du FMI » à cause de la rigueur avec laquelle le pays appliquait ses programmes de réformes

---

[110] Cf. Markus Eberhardt and Francis Teal, « Le Ghana et la Côte d'Ivoire : une inversion des rôles », *in* International Development

économiques et financières avec l'appui des institutions de Bretton Woods.

Mais, devant la détérioration de la situation économique et financière à partir de 2001, le Gouvernement élabore sa première stratégie de réduction de la pauvreté (GPRS I) en 2003, qui sera suivie d'un second document-cadre dénommé Stratégie de croissance et de réduction de la pauvreté du Ghana (GPRS II) pour la période–2006-2009.

Ces réformes appuyées par les bailleurs de fonds ont permis d'atteindre des taux de croissance du PIB inégalés au cours des périodes précédentes avec une moyenne de 6 % de 2004 à 2006. Entre temps, au milieu de 2004, le pays atteint le point d'achèvement au titre de l'initiative PPTE, engendrant une réduction massive de sa dette. En outre, l'IADM (initiative d'allègement de la dette multilatérale), ajoutée à l'IPPTE, aide le Ghana à renforcer la mise en œuvre de sa stratégie de réduction de la pauvreté. Et l'étude sur les conditions de vie des ménages intitulée « *Ghana Living Standards Survey (GLSS-5)* » en 2006 apporte des résultats probants : le taux de prévalence de la pauvreté a chuté de 52 % en 1992 à 39,5 % en 1998 et à 28,5 % en 2006. Même s'il existe des disparités dans la distribution de ces pourcentages, ils prouvent cependant que le pays a réalisé des progrès notables. Avec ses résultats, le Ghana a atteint l'objectif numéro un des OMD, à savoir l'élimination de l'extrême pauvreté en 2015.

A partir du milieu des années 80, le pays s'engage dans une période de reprise économique durable avec des taux de croissance du PIB en hausse. La croissance moyenne du PIB a été en net accroissement à partir de 1983 ; il est ainsi passé de 4,5 % entre 1983 et 2000 à 5,5 % pour la période 2000-2005. En 2006, on note une croissance de 6,2 %[111]. A partir de 2007, le pays enregistre des taux de croissance moyens très élevés, sous l'impulsion de la découverte de ressources pétrolières offshore importantes, dans la région ouest du pays. La production de pétrole et de gaz a commencé en 2010.

Cette tendance va se poursuivre avec un creux en 2009 (4,7 %) dû à la crise financière internationale, et un pic en 2011 (14,4 %) consécutif au démarrage de la production pétrolière en 2010. Le taux de croissance du PIB s'est maintenu à ces hauteurs en 2012 avec 7,1 % et a atteint 7,31 % en 2013[112] et 3,99 % en 2014 et 4,1 % en 2016[113]. « Ainsi, le Ghana a été le pays enregistrant la plus forte croissance économique de toute la planète en 2011. Le PIB national a largement progressé en cette seule année : il a augmenté d'environ 17 %. Ainsi, depuis les années 2000, le Ghana détient, avec la Chine et le Cambodge, les plus hauts taux de croissance du PIB national. Ce sont parmi les seuls à dépasser la barre des 10 % de croissance annuelle autour de 2005 ». Mais, depuis la chute des prix à la fois de l'or noir et du cacao sur les marchés internationaux, le taux de croissance s'est ralenti.

La dynamique de cette croissance s'explique par la politique de diversification économique. En effet, au lieu de compter sur une seule matière première ou un seul

---

[111] Cf. Ghana, Perspectives économiques en Afrique, BAfD/OCDE 2007.

[112] Cf. Perspectives économiques en Afrique 2014, Afrique de l'Ouest, Ghana, dernière mise à jour 06/09/2013.

[113] Cf. Jeune Afrique en ligne in Le Ghana revoit à la baisse ses prévisions de croissance, par Joël Té-Léssia, 19 juillet 2017.

secteur économique, l'économie ghanéenne repose à la fois sur la production cacaoyère et aurifère, les mines, le secteur IT et l'impulsion apportée par l'exportation du pétrole à partir de 2011[114]. En 2010-2011, le Ghana a produit 1 million de tonnes de cacao contre 650 000 tonnes la saison précédente, et 100 tonnes d'or. Le Ghana s'est appuyé sur le secteur agricole comme pilier principal de son développement économique et social, même si les services et le pétrole contribuent pour une grande part au PIB. La part de l'agriculture dans le PIB tourne autour de 35 %. En 2011, les recettes tirées du cacao se sont établies à 1,9 milliard de dollars US, soit 7 % du PIB (ou 20 % du PIB agricole)[115].

Le taux d'accès à l'électricité est de 72 %, soit le taux le plus élevé observé en Afrique subsaharienne, à l'exception de l'Afrique du Sud (Groupe de la Banque africaine de développement)[116].

Troisième clé : la stabilité politique et sociale

Contrairement à la plupart des pays de l'Afrique occidentale, notamment le Libéria, la Sierra Leone, la Côte d'Ivoire et le Nigéria, le Ghana a été épargné par les conflits intercommunautaires et les guerres civiles au cours des deux dernières décennies. Du coup, le pays est devenu plus attractif pour les investissements étrangers. En outre, la gestion économique selon des critères de

---

[114] Cf. Ghana, Africa's rising star, in African Business, n° 395 March 2013.

[115] Cf. Ghana : Document de stratégie pays 2012-2016, Département pays, région ouest, 2012.

[116] *Cf.* République du Ghana, Projet Renforcement et extension du réseau de distribution d'électricité, ONEC, Fonds africain de développement, 2014.

bonne gouvernance ajoute beaucoup à la confiance que les pays étrangers ont dans le pays. Ainsi, l'attractivité limitée des autres pays phares de la sous-région ouest-africaine comme la Côte d'Ivoire et le Nigéria (en proie à des conflits liés à l'islamisme et à l'insécurité) créé un effet d'éviction et pousse les investisseurs à investir leurs capitaux dans des puissances montantes telles que le Ghana où la démocratisation a fait des progrès exceptionnels.

Avec les élections de décembre de 2016, le Ghana a réalisé sa septième transition politique dans les formes constitutionnelles depuis l'institution de la 4ème République en 1992, et fait ainsi preuve d'une stabilité singulière dans une sous-région où les facteurs d'instabilité sont légion.

Le Ghana a réalisé au cours de ces dernières années sept élections paisibles et réussies, au cours desquelles ont été enregistrées trois alternances entre les deux plus grands partis du pays. Cela prouve bien que les fondements de la démocratie sont enracinés dans la vie politique[117].

Quatrième clé : l'afflux de capitaux

En raison de la grande attractivité du Ghana, le niveau des investissements directs étrangers (IDE) est très élevé depuis quelques années. Selon les estimations du Centre de promotion de l'investissement du Ghana (*Ghana Investment Promotion Center –GIPC*), les flux d'IDE se sont chiffrés à 4,97 milliards de dollars US au cours des trois premiers trimestres de 2012. Le secteur minier,

---

[117] Cf. Ghana, Africa's rising star, in African Business, n° 395, March 2013.

principalement l'or, et l'exploration du pétrole constituent les principaux secteurs qui attirent les IDE. Selon le rapport sur l'investissement dans le monde 2011 de la Conférence des Nations Unies sur le commerce et le développement (CNUCED), le Ghana a été le 7ème bénéficiaire des IDE en Afrique et le 3ème en Afrique subsaharienne en 2010. Selon le même rapport, le flux des IDE s'est chiffré à 2,5 milliards de dollars US en 2010 contre 1,7 milliard en 2009[118].

Les pays qui investissent le plus au Ghana sont la Chine, l'Inde, le Royaume-Uni, le Liban et le Nigéria. Ainsi, en 2012 la Chine a financé le plus grand nombre de projets au Ghana tandis que le Liban est le premier investisseur étranger en termes de volume d'investissement. En outre, le Ghana compte parmi les 10 plus grands bénéficiaires de l'Aide publique au développement (APD)[119].

En plus de ces investissements directs, les Ghanéens de l'étranger transfèrent une bonne partie de leurs revenus au pays. Selon un attaché auprès du Haut-Commissariat du Ghana à Londres, les Ghanéens de l'étranger envoient entre 350 et 450 millions de dollars chaque année dans leur pays[120]. Ces montants sont devenus plus importants en 2012 où l'apport des Ghanéens de la diaspora tourne

---

[118] Cf. Ghana : Document de stratégie pays 2012-2016, Banque africaine de développement, 2012.

[119] Cf. Perspectives économiques en Afrique 2014, Afrique de l'Ouest, Ghana, dernière mise à jour 06/09/2013.

[120] Cf. La diaspora africaine : panafricanisme ou solidarité villageoise ? Document présenté au troisième Forum pour le développement de l'Afrique (ADF III), « Définir les priorités de l'intégration régionale », Centre de conférence des Nations Unies, Addis-Abeba (Ethiopie), 3 – 8 mars 2002 ; par Chukwu-emeka Chikezie, AFFORD.

autour de 2 et 4 milliards de dollars US selon les estimations. Selon la Banque du Ghana, les flux des transferts se sont élevés à 1,6 milliard de dollars en 2009 et 2,12 milliards de dollars en 2010[121].

D'après la Banque mondiale, le PIB du Ghana représente 10,3 % du PIB de l'Afrique de l'Ouest en 2009, se classant ainsi avant la Côte d'Ivoire (7,5 %) et le Sénégal (4,7 %) et après le Nigéria (63,5 %).

Les quatre ingrédients cités plus haut ont permis au Ghana d'avoir une croissance économique soutenue et de rentrer dans la catégorie des pays à revenu intermédiaire en 2010, tranche inférieure. Ainsi, selon le FMI, le revenu par tête d'habitant s'est établi à 1622 dollars US en 2012[122]. Les perspectives économiques sont prometteuses en dépit de la chute des cours du pétrole et du cacao. Cette croissance sera remorquée par le gaz et le pétrole, l'agriculture et les mines.

Au cours des 30 dernières années, le Ghana a réussi à la fois deux faits majeurs : la création et le renforcement des institutions républicaines, d'une part, et une croissance soutenue, d'autre part. Ce parallélisme dans le développement institutionnel et le développement économique est plutôt rare en Afrique. Ainsi, en Côte d'Ivoire les lacunes de la démocratie et la faiblesse des institutions ont conduit au premier coup d'Etat en 1999, à la guerre civile et à des conflits ethniques. Pourtant, « entre 1960 et 1980, la Côte d'Ivoire a connu une croissance plus ou moins ininterrompue telle qu'en 1980

---

121 Cf. Encadré 2 : Rôle des envois de fonds par les travailleurs migrants dans l'économie ghanéenne, in Ghana : Document de stratégie pays 2012-2016, Banque africaine de développement, 2012.

122 Cf. FMI, *World Economic Outlook*, 2013.

son produit intérieur brut (PIB) réel par habitant était deux fois supérieur à celui des années 1960 »[123].

Malgré ses bonnes performances, le Ghana demeure confronté à des défis importants dont notamment un taux d'inflation élevé (10 % en 2012), une prévalence de la pauvreté encore élevée dans les trois régions du nord, le déficit budgétaire, la chute des cours de ses principaux produits d'exportation (le pétrole et le cacao), une masse salariale de la Fonction publique difficile à maîtriser et une productivité des facteurs de production relativement faible en comparaison avec celle d'autres pays comme le Kenya, l'Egypte, le Mozambique, la Malaisie ou la Thaïlande [124]. Le Ghana doit s'attaquer aussi à la détérioration de la perception de la corruption dans la vie publique, à l'accès limité à l'eau potable (46 % de la population disposait de l'eau potable en 2005) et à l'assainissement.

---

[123] Cf. Le Ghana et la Côte d'Ivoire : une inversion des rôles, *International development policy*/Revue internationale de la politique de développement (online), 24 janvier 2014, par Markus Ebrhardt and Francis Teal, tous deux chercheurs à l'Université d'Oxford.

[124] Cf. Iza Lejarraga, Le tigre qui ronronne ou le chat qui miaule : étude diagnostique de la croissance au Ghana, Banque africaine de développement, 2010.

CHAPITRE QUATORZE

L'EXPERIENCE DE LA MALAISIE

La Malaisie est un pays d'Asie couvrant une superficie de 329 758 km², avec une population de 28,6 millions d'habitants (2010) composée de trois groupes ethniques : les autochtones appelés Bumiputra (59 %), les Chinois (32 %) et les Indiens (9 %).

Elle a accédé à l'indépendance en 1957. C'est une monarchie constitutionnelle formée de 13 Etats et régie par un système parlementaire fédéral. Le Roi (élu tous les 5 ans parmi les 9 sultans régnants) est le chef de l'armée, mais la réalité du pouvoir est détenue par le Premier ministre, Chef du gouvernement. C'est un pays producteur de caoutchouc, de palmiste, de pétrole et de gaz.

En 1960, l'économie malaisienne avait le même niveau de développement que celle de l'Ouganda. Mais depuis, elle a connu une expansion rapide la hissant parmi les plus performantes du sud-est asiatique.

Entre 1960 et 1990, le PIB réel du pays a été multiplié par sept avec une croissance annuelle de 6,8 %. Durant cette période, l'économie du pays atteint un niveau de développement proche de celui des pays nouvellement industrialisés. Après la crise mondiale de 2008, la croissance s'est contractée pour reprendre dès 2010 en s'établissant à 7,2 %. Elle s'est établie à 5,6 % en 2012[125]

[125] Cf. France Diplomatie, Présentation de la Malaisie, du 14/04/2014.

et est estimée à 4,7 % en 2013 tirée par l'investissement privé et l'amélioration du commerce extérieur. La chute des prix des principaux produits à l'exportation a eu pour conséquence le maintien des taux de croissance à un niveau relativement peu élevé par rapport aux années passées : 4,3 % en 2016, et une prévision de 5,8 % en 2017, la croissance étant tirée par une demande intérieure forte et des exportations robustes[126].

Ouverte sur l'extérieur, l'économie de la Malaisie dépend fortement de la demande extérieure. Les produits manufacturés représentent 29 % du PIB et 60 % des exportations du pays. Le pays est principalement exportateur de matériels électroniques et composants, produits pétroliers, huile de palme et bois ; et importateur de matériels électroniques et électriques, biens manufacturés, chimie, acier, matériel de transport et produits agro-alimentaires. En toile de fond de cette modernisation de l'économie, il existe une stabilité macroéconomique soutenue et une grande maîtrise de l'inflation (3,8 % en 2017 et une prévision de 3,2 % en 2018)[127], une forte réduction des inégalités dans la distribution du revenu national et la quasi-disparition de la pauvreté absolue.

Première phase 1957-70 : Une politique d'industrialisation et d'étatisation

Le développement économique a connu trois principales phases. La première va de l'indépendance en 1957 à la fin des années 1960, phase au cours de laquelle

---

[126] *Cf.* Press Release No. 18/73, International monetary fund, March 7, 2018.
[127] *Cf.* IMF Press Release ci-haut mentionné.

le pays a poursuivi une politique d'industrialisation, et une forte pénétration de l'Etat dans le secteur agricole et les infrastructures sociales et physiques.

Durant cette période, la croissance économique, basée sur l'exportation des produits primaires a été très stable. Et on a noté un certain progrès dans la lutte contre la pauvreté, surtout parmi les populations autochtones.

Sur le plan de l'éducation, le gouvernement a mis l'accent sur la scolarisation et le prolongement des études jusqu'au niveau du secondaire. Bien que des résultats positifs aient été atteints dans cette politique, le taux d'alphabétisation des adultes est resté très faible, c'est-à-dire bien au-dessous de ceux des autres pays d'Asie du sud-est.

1971-85 : La nouvelle politique économique d'éradication de la pauvreté et de restructuration de la société

Durant la deuxième phase qui va de 1971 à 1985, une nouvelle stratégie connue sous le nom de NEP (Nouvelle politique économique) posera comme objectifs (i) l'éradication de la pauvreté et (ii) la restructuration de la société malaise de manière à atténuer les déséquilibres entre les différents groupes ethniques.

La NEP visait fondamentalement l'amélioration de la position économique des Bumiputra avec l'intervention de l'Etat pour atteindre cet objectif. Des quotas furent définis en matière d'implication des populations autochtones dans la propriété des entreprises commerciales et industrielles.

La loi de 1975 sur la coordination industrielle subordonnait la délivrance des licences pour l'installation des sociétés dans le pays au respect de certains quotas relatifs aux participations des indigènes.

Les banques, pour leur part, étaient tenues d'octroyer des prêts avec bonification des taux d'intérêt aux secteurs prioritaires incluant les entreprises détenues par les populations autochtones.

Parallèlement, l'Etat a nationalisé les entreprises étrangères et créée de nouvelles sociétés pour améliorer l'accès des Bimuputra à des postes de responsabilité.

Au début des années 1980, avec les revenus tirés de la vente des hydrocarbures et du gaz, le gouvernement a lancé un vaste programme de création d'industries à forte intensité capitalistique à travers la compagnie des Industries Lourdes de Malaisie (*Heavy Industries Corporation of Malaysia—HICOM*) dont il a fourni le capital initial et facilité l'accès aux crédits bancaires à des conditions douces.

En 1988, il avait mis sur pied neuf sociétés, très souvent en joint-venture avec des investisseurs étrangers.

Mais l'intervention appuyée de l'Etat a conduit à une faible productivité et à un très lourd endettement de ces entreprises. C'est ainsi qu'en 1988, le déficit des entreprises publiques se chiffrait à un milliard de Ringit Malaisien (RM)[128].

Troisième phase (1986/1990) : ajustement et libéralisation

Au cours de la troisième phase du NEP (1986/1990), le gouvernement s'attachera donc à corriger ces déséquilibres à travers un programme d'ajustement et de libéralisation.

---

[128] 1 Dollar US = 4,29 ringits malaisiens, à la date du 9 août 2017.

Le résultat de tous ces efforts est que depuis 50 ans, la Malaisie a connu une croissance de près de 7 % par an en moyenne.

Wawasan 2020 (Vision 2020)

La privatisation, la recherche de la compétitivité, l'appel aux investissements directs étrangers (IDE) et le désengagement progressif de l'Etat des secteurs productifs devinrent les principaux axes de la Politique Nationale de Développement qui a suivi la NEP, et de la Vision 2020 de l'ancien Premier Ministre Mohamad Mahatir.

L'objectif principal de la Vision 2020 est de faire de la Malaisie un pays développé à l'horizon 2020. En effet, de pays à revenu intermédiaire aujourd'hui, la Malaisie veut accéder au statut de pays développé et à haut revenu d'ici à 2020. Cela suppose un PIB par habitant de 15 000 USD à l'horizon 2020, contre 11 028 USD en 2016[129]. « La réalisation de cette ambition implique la mise en œuvre rapide des réformes structurelles indispensables pour accroître la productivité, les investissements tant domestiques qu'étrangers, et la transformation des moteurs actuels de la croissance pour faire de la Malaisie un pays tourné vers l'innovation et les produits à plus forte valeur ajoutée ».

Les nouvelles politiques mises en œuvre ont déjà permis au pays de réaliser une croissance économique rapide depuis 1986, d'être une destination privilégiée des capitaux étrangers parmi les nouveaux pays industrialisés d'Asie.

---

[129] *Cf.* fr.tradingeconomics.com, New York City.

Durant les dix dernières années, le taux de croissance du PIB s'est établi à 8,5 %. Naturellement, la dernière crise monétaire et boursière de 1997 a changé quelque peu ce chiffre à la baisse.

Le « nouveau modèle économique » (NEM) destiné à promouvoir l'innovation et les gains de productivité a été lancé avec le dixième plan quinquennal (20112015). L'objectif de ce plan est de doubler le revenu par habitant d'ici 2020[130].

Les clés de la réussite

La croissance rapide de l'économie malaisienne est due à quatre principaux facteurs :

(i) les infrastructures physiques héritées de la domination britannique ;

(ii)les investissements directs étrangers dans les secteurs manufacturiers, des services et de l'énergie, et le rôle de catalyseur et de direction joué par le Gouvernement, notamment le Premier Ministre. Il s'agit d'une ouverture économique sans perte de souveraineté de l'Etat ;

(iii) la politique d'industrialisation (industrie de l'automobile) et d'ouverture sur le marché extérieur. « Le pays exporte principalement des équipements électriques et électroniques, des machines, des carburants minéraux et des hydrocarbures, des huiles et des graisses animales et végétales, du bois et du charbon de bois. Le pays importe principalement des équipements électriques

[130] Cf. Le magazine Lemoci, le moteur du commerce international, 13/05/2014.

et électroniques, des machines, des carburants et huiles, des produits en plastique, du fer et de l'acier »[131].

Et (iv) la forte dépendance de l'économie de la main-d'œuvre étrangère. Sous la colonisation britannique, « la poursuite de la croissance économique se heurte… à une pénurie aiguë de main-d'œuvre. Pour pallier ce manque, les colons recrutent des travailleurs en Inde et en Chine tout au long du XIXe siècle. Cette immigration du travail a eu des répercussions majeures sur la structure sociale du pays »[132]. Les autochtones travaillant dans l'agriculture et l'administration sont pauvres et les Chinois travaillant dans les mines deviennent riches. Cette segmentation de la société sera paradoxalement à la base du décollage économique de la Malaisie. Ainsi, « le 13 mai 1969 lorsque des manifestations politiques tenues quelques jours après les élections fédérales dégénérèrent en émeutes sanglantes opposant les Malais aux Chinois, après avoir décrété l'état d'urgence, le gouvernement instaure une politique qui cherche à restaurer la paix sociale et les fondements d'une unité nationale en favorisant l'enrichissement des Malais. La Nouvelle Politique Économique (NEP) instaurée en 1970 est une politique de discrimination positive accordant aux Malais de nombreux privilèges : prêts bonifiés pour acquérir des actions et des obligations, accès prioritaire à la fonction publique, système de quotas dans l'enseignement supérieur et dans l'emploi salarié dans les entreprises étrangères, obligation d'investissements conjoints avec des entrepreneurs malais ou encore "traitement

---

[131] Cf. le magazine Lemoci, déjà cité.

[132] Elsa Lafaye de Micheaux, Malaisie, un modèle de développement souverain ?, Lyon, ENS Editions, 2012.

préférentiel et arrangement discriminatoire" dans l'accord de licence pour de nouvelles entreprises et accès préférentiel aux marchés publics »[133].

Sur le plan politique, le gouvernement a fait preuve de flexibilité dans sa démarche et a su maintenir le difficile équilibre entre les objectifs de croissance et le besoin de justice dans la répartition du revenu national.

L'ancien Premier Ministre Mahatir est le principal artisan de la politique économique. Il est directement responsable de l'industrialisation amorcée au début des années 1980, de la stratégie consistant à développer les relations commerciales avec les pays d'Asie (« *Look East* » stratégie) et de la Vision 2020.

Pour l'aider dans sa tâche, deux *think tanks* opéraient à la Primature sous son autorité directe : (i) le Bureau de Planification Economique s'occupant de la planification économique ; et (ii) le Bureau de Coordination et d'Application dont le rôle est de veiller à la cohérence et l'exécution des plans nationaux et locaux.

La Malaisie, contrairement à Taiwan, la Corée et la Chine, a démarré avec des atouts non négligeables (infrastructures, richesses naturelles, notamment le pétrole).

Ces ressources naturelles couplées avec la stabilité politique ont permis au pays d'attirer les investissements directs étrangers (6,5 milliards d'USD en 1996, 9,9 milliards d'USD en 2016[134]), de s'endetter massivement (l'endettement extérieur représente 30 % du PIB) et d'enregistrer d'importants succès dans la politique économique. Le pays s'est placé au 3ème rang des

---

133 *Cf.* Elsa Lafaye de Micheaux, Ouvrage déjà cité.

134 Source : CNUCED, dernières données disponibles.

récipiendaires d'investissements directs étrangers (IDE) en Asie en 2010, derrière Singapour et l'Indonésie[135]. Mais, depuis que la priorité a été donnée aux investissements locaux, la Malaisie a connu un ralentissement des flux d'investissements étrangers, se classant ainsi, en 2014, au 4ème rang des pays de l'ASEAN[136], en recevant 8 % des IDE, derrière Singapour (51 %), l'Indonésie (17 %) et la Thaïlande (10 %). Les flux d'IDE entrants dans l'ASEAN se sont établis à 132,9 milliards de dollars US en 2014.[137]

Bien qu'ayant échoué dans certains aspects de sa politique d'industrialisation (notamment l'industrie de l'automobile), la Malaisie a largement réussi dans sa politique de diversification des produits agricoles d'exportation (l'huile de palme) et dans l'industrie électronique. « La Malaisie compte aujourd'hui parmi les vingt plus grands pays commerçants au monde. Les produits électroniques constituent son unique et principale catégorie d'exportation, représentant 50 % des exportations totales de marchandises en 2005 »[138].

Et aujourd'hui, elle présente des indicateurs économiques et sociaux d'un pays qui est en voie de se hisser au niveau des nouveaux pays industrialisés.

---

[135] CNUCED (Conférence des Nations-Unies sur le Commerce et le Développement) dans son « World Investment Report 2011 ».

[136] ASEAN : Association des nations de l'Asie du Sud-Est. Créé en 1967, cet accord concerne les pays suivants : Bruneï Darussalam, Cambodge, Indonésie, Laos, Malaisie, Myanmar, Philippines, Singapour, Thaïlande, Vietnam.

[137] *Cf.* Note : l'ASEAN, pôle mondial d'attractivité pour les investissements étrangers, par Pauline Quinebeche, Ambassade de France à Singapour, Service Economique Régional, 10 juillet 2015

[138] Malaisie-Communauté européenne, Document de Stratégie pour la période 2007-2013, Version finale.

En effet, en l'espace de 40 ans (1957-1997), la contribution de l'agriculture au PIB est passée de 40,7 % du PIB en 1960 à moins de 20 % en 1990 ; celle de l'industrie manufacturière de 8 à 35 %, celles des services de 42 à 45 %[139].

Le succès de la politique de développement économique et social de la Malaisie relève (i) de l'environnement créé par les autorités ; (ii) de l'engagement déterminé du leadership dans la fixation des grands objectifs et du contrôle de l'application des mesures prises ; (iii) de la diversification de sa politique agricole ; (iv) et des avantages que le pays a su tirer des opportunités que lui offrait le marché international.

---

[139] *Malaisie : Développement social, réduction de la pauvreté et transformation de l'économie,* Leong Choon Heng et Tan Siew Hoey.

CHAPITRE QUINZE

LA GUINEE DANS 30 ANS

« Je crois au matérialisme. Je crois à tous les fruits d'un saint matérialisme, bonne cuisine, maisons sèches, égouts, tuyaux d'écoulement, eau chaude, baignoires, lumière électrique, automobile, bonnes routes, rues éclairées, longues vacances loin de ma pompe du village, idées nouvelles, chevaux de course, conversations alertes, théâtres, opéras, orchestres, jazz-bands... Je crois à toutes ces jouissances pour tous. L'homme qui meurt sans les avoir connues peut être aussi exquis qu'un saint et aussi riche d'imagination qu'un poète... Mais il l'est par dépit et non à cause de ce dont il est privé. »

Francis HACKETT

Le Gouvernement guinéen a déjà achevé l'élaboration de « Vision 2040 pour une Guinée émergente et prospère », qui sera mise en œuvre progressivement à travers des plans nationaux de développement économique et social (PNDES). Le premier PNDES couvre la période 2016-2020.

Lorsque j'ai découvert les pays développés (il vaut peut-être mieux dire « pays riches »), j'ai éprouvé un choc intérieur intense du fait que j'ai eu une forte envie de hisser la Guinée au diapason de ces pays. Cependant, la différence entre ce monde-là et mon pays était tellement grande que, dans un premier temps, je me suis dit que prétendre rattraper le retard relevait de l'impossible. Mais, en mobilisant la société avec ses énergies et compétences, en utilisant la méthode et l'organisation qu'il faut, et en ayant une vision claire de ce qu'on veut réaliser, même si cela relève de l'utopie, on peut y arriver comme l'ont fait certains pays d'Asie et d'Amérique latine. En effet, devant une montagne de défis à relever, il faut avoir une montagne de rêves.

Alors, j'ai fait un rêve éveillé duquel est sortie une Guinée où il existe un bonheur partagé par tous, un pays où les populations bénéficient d'un niveau de vie relativement élevé, de bons systèmes éducatifs et de santé, d'autoroutes sur les axes Conakry-Kankan et Kankan-N'Zérékoré ; un pays où il existe des viaducs et des tunnels pour traverser les montagnes du Foutah Djallon, une agriculture à haut rendement, de l'électricité dans les villes et les villages, des théâtres, des plages, des trains électriques, des aéroports modernes, des routes inter-préfectorales bitumées, des industries rentables, des fleuves navigables en toute saison, des salles de cinéma projetant les films en haute définition, etc. L'abstraction de ce bonheur m'a donné une vision appelée « DYIA 2045 » voulant dire bonheur ou bien-être.

Pour que ce rêve se concrétise, l'objectif stratégique global visé est de faire de la Guinée un pays à revenu intermédiaire (PRI) dans 10-15 ans lorsque le revenu per capita y atteindra les 1036 dollars US [140] et un pays émergeant dans 20-30 ans, donc à partir de l'horizon 2034. L'atteinte de cet objectif stratégique suppose la

[140] La Banque mondiale estime qu'un pays atteint le statut de pays à revenu intermédiaire lorsque le revenu par tête d'habitant s'établit à 1036 dollars américains.

réponse à un défi de taille : la réalisation d'un taux de croissance économique annuel moyen de 8 % à partir de 2015, et par la suite un taux de croissance à deux chiffres. C'est un tel taux qui permettra de créer plus de richesse et de nourrir une population de plus en plus importante.

Selon les estimations, la population guinéenne atteindra 13,7 millions d'habitants en 2020. « Le temps de doublement de la population qui était de moins de 23 ans en 1996 passera à 24 ans en 2020 »[141]. Sur cette base, la population atteindra 21,7 millions en 2034 et 27,4 millions d'habitants en 2044. Cette population sera majoritairement urbaine. En effet, dans 30 ans, la population guinéenne vivant dans les villes sera plus importante que celle vivant dans les villages. Il s'agit là d'une tendance universelle que l'on constate partout ailleurs. En 1800, seuls 2 % de la population mondiale vivait dans les villes ; aujourd'hui, plus de la moitié de la population mondiale est urbaine[142]. Selon le maire de Tshwane[143], dans 30 ans, la plus grande partie de la croissance démographique se produira dans les villes et les cités dans les pays pauvres, et à partir de 2020, les pays en développement seront probablement plus urbains que ruraux.

Pour atteindre les objectifs de croissance à deux chiffres (l'inattendue épidémie à virus Ebola a eu des incidences sur ces perspectives et des ajustements

---

[141] *Cf.* La population de la Guinée : situation actuelle et défis de l'avenir, Ministère du Plan et Fonds des Nations Unies pour la population, Editions Ganndal, Conakry, mai 2013.

[142] *Cf.* Tshwane : exemplifying economics of happiness, by Kgosientso Ramokgopa, executive mayor of Tshwane, in Pretoria News, Tuesday, July 8, 2014.

[143] Tshane est le nom autochtone de Pretoria, capitale de l'Afrique du Sud.

temporels se sont avérés nécessaires pour en atténuer les conséquences), il faudra mener les actions stratégiques suivantes : (i) créer les conditions propices à l'investissement public et surtout privé. Le taux d'investissement doit s'élever à 20 % en 2015 et 25 % au-delà ; (ii) développer les principales sources de croissance : l'agriculture, l'électricité, les mines (l'analyse environnementale des conséquences des exploitations minières doit occuper une grande place). Naturellement, les accélérateurs de croissance, notamment le tourisme, l'éducation, la santé, les pistes rurales, les NTIC, etc., doivent également être développés ; et (iii) mener des actions stratégiques relatives à la gouvernance, aux ressources humaines, au développement régional, aux relations internationales.

Les actions stratégiques et les grands Projets

Dans l'horizon temporel fixé, il faudra élaborer et exécuter un certain nombre de grands projets pouvant avoir une influence directe sur l'amélioration des conditions de vie des populations.

Les préalables sont : la mise en œuvre des mesures de transformation des structures de production agricole et le développement des infrastructures de base qui sont indispensables à tout développement économique et social. Dans ce cadre, dans un premier temps, les principales villes et les sous-préfectures doivent être électrifiées et disposer de l'eau potable 24 heures sur 24. Et dans un second temps, les villes secondaires et les villages doivent bénéficier de ces commodités de la vie moderne. Au bout de 5-10 ans, l'absence d'électricité, d'eau potable, et les délestages auront fortement reculé.

Les principaux axes de cette stratégie de grands projets reposeront sur les grappes suivantes :

(i) le démarrage d'un réseau autoroutier à péage : ce réseau partira de Kankan vers, d'une part, la Guinée Forestière, et d'autre part, vers la Moyenne Guinée et la Basse Côte. Au cours de chaque mandat présidentiel de cinq ans, on doit réaliser au moins un tronçon d'autoroute.

Pour avoir une idée du coût d'une autoroute 2 fois 2 voies entre Kankan et Kouroussa, il suffit de se pencher sur les coûts du projet routier sur la même voie rendu public récemment dans un document du Ministère des Travaux publics.

En effet, il existe un projet routier réalisé par le Consortium français ECIS/SOCETEC en 2012 pour les tronçons suivants : (i) Mamou-Dabola d'une longueur de 150 km dont le coût de construction se chiffre à 151 millions d'euros ; (ii) Dabola-Kouroussa d'une longueur de 160 Km pour un coût de construction de 124 millions d'euros. Ces deux tronçons vont requérir la construction d'ouvrages de franchissement pour 6 millions d'euros. La construction porte sur une chaussée de 7 mètres de large et 2 fois 1,5 m d'accotement, soit 10 m de large.

Par ailleurs, pour avoir un accès plus facile et plus rapide au port de Conakry, deux périphériques seront construits à partir de l'échangeur du 8 novembre, un périphérique sur la corniche nord et un autre autour de la corniche sud.

(ii)la construction d'infrastructures aéroportuaires supplémentaires : un aéroport international à grande capacité à Maferénya; trois aéroports internationaux à Labé, Kankan et N'Zérékoré dans 10 ans.

(iii) la construction d'un grand port sec à Kankan dont le projet existe depuis plusieurs années. Ces installations seront des entrepôts pour les importations du Mali à partir du port de Conakry. Ainsi, dans 8 ans, ces importations seront acheminées par ferroutage vers ce port sec, permettant ainsi à la République du Mali de bénéficier de services moins coûteux, comparés aux autres ports de la sous-région. « La distance Bamako-Abidjan est de 1225 km avec un prix du transport égal à 43 000 FCFA par tonne. Par contre, la distance Conakry-Bamako, via Kankan, est de 997 km »[144].

L'équipement des villes de l'intérieur en matière d'adduction d'eau, électricité, infrastructures routières et immobilières a déjà été entamé sous la 3ème République avec la célébration des fêtes de l'indépendance à Boké en 2012 et à N'Zérékoré en 2013. Cuba, malgré l'embargo américain, a utilisé cette stratégie sous une autre forme pendant des années pour réaliser ses principaux objectifs économiques. Le secteur retenu par les autorités cubaines bénéficiait d'allocations budgétaires plus importantes que les autres secteurs. C'est ainsi qu'on a parlé de l'année de la canne à sucre, l'année des routes, etc. Dans la même veine, c'est le premier Président de la Côte d'Ivoire, feu Félix Houphouët Boigny, qui a le mieux exploité cette stratégie en organisant la célébration des fêtes de l'indépendance par roulement dans les grandes villes du pays, se donnant ainsi l'occasion d'y réaliser des investissements socioéconomiques massifs.

---

[144] Cf. Mamadi Camara, *Où va la Guinée ?* (Chapitre Neuf), Editions l'Harmattan, Paris, Juin 2010.

Le projet de construction du réseau ferroviaire Conakry-N'Zérékoré dénommé Transguinéen est en voie de devenir une réalité après un demi-siècle d'études, de conception, d'examens de variantes, etc. Cette voie ferrée s'inscrit désormais dans un projet sous régional avec la possibilité de réaliser deux extensions :

- Kankan vers Bamako en passant par Mandiana et Bougouni (en République du Mali) ;
- b) Kankan vers N'Zérékoré en passant par Kérouané.

Le chemin de fer est un complément important de la route, permettant de transporter des marchandises et des passagers à un coût moins élevé.

Le financement des grands projets doit reposer sur la mobilisation des ressources internes et externes par le biais d'un certain nombre d'actions ciblées : (i) créer les conditions favorables à l'investissement privé national et étranger ; (ii) mobiliser les ressources publiques ; (iii) mettre fin ou, à tout le moins, diminuer considérablement les pratiques de mal gouvernance politique et économique et exploiter les bénéfices financiers qui en résulteront.

Une fois ces conditions remplies, plusieurs pistes peuvent être explorées : (i) mobilisation des fonds bilatéraux ; (ii) mobilisation des fonds multilatéraux ; (iii) mobilisation des fonds souverains ; (iv) mobilisation des ressources provenant des richesses accumulées par des individus et des sociétés privées ; (iv) encouragement des investissements directs étrangers à travers l'instauration d'un climat des affaires attractif, etc. La bonne gouvernance devrait favoriser la mobilisation massive des ressources financières. La vocation minière de la Guinée attire déjà les *majors* et *juniors* du secteur minier. Il faut renforcer ce *trend* en créant un climat juridique garantissant les investissements privés nationaux et étrangers.

Cette vision sera mise en œuvre à travers des plans de développement quinquennaux successifs. Une fois sa première mouture élaborée, on pourrait faire appel à l'assistance technique pour en faire un Document de prospective avec des séquences bien précises et bien orientées, comme c'est le cas de « Vision 2040 pour une Guinée émergente et prospère ».

Les actions stratégiques sur le plan politique et institutionnel

- *Revitalisation des partis politiques et de la société civile*

Les institutions démocratiques seront plus solides, plus stables. Les partis politiques s'appuieront sur une meilleure organisation et un corpus de militants plus fidèle. Et deux ou plusieurs grands partis pourraient émerger du paysage politique afin d'instaurer un système d'alternance systématique dans l'exercice du pouvoir.

Pour ce faire, les partis politiques ont un impérieux besoin de réorganisation de leurs structures, du renouvellement interne de leur leadership. Cette réorganisation devrait reposer sur des choix des premiers responsables de façon claire, c'est-à-dire la désignation par vote d'un Président du parti, d'un ou deux vice-présidents, le premier nommé étant automatiquement candidat du parti lors des scrutins présidentiels.

L'ambiguïté dans la désignation du numéro deux a souvent entraîné les grands partis politiques en Afrique francophone à sombrer dans la débâcle et la perte du pouvoir, parfois de façon irréversible. Ce fut le cas du Parti Démocratique de Guinée (PDG) qui bien qu'ayant conduit la Guinée à l'indépendance, a presque disparu de la scène politique à la suite de la mort du Président Ahmed Sékou Touré en mars 1984. Ce fut également le cas du Parti de l'Unité et du Progrès (PUP) après la disparition du Président Lansana Conté en décembre 2008.

- *Approfondissement de la décentralisation*

La décentralisation doit aller plus loin dans la participation des populations à la base à l'exercice du pouvoir. Dans une vision prospective, les quatre régions naturelles de la Guinée (la Basse-Côte, la Moyenne Guinée, la Haute-Guinée et la Guinée Forestière) pourraient chacune élire son Assemblée régionale. Et chaque assemblée pourrait élire le Gouverneur de la région qui servira d'exécutif au niveau régional. La mise en œuvre d'un plan régional de développement pourrait constituer la tâche principale du Gouvernement régional et de son cabinet dont les membres seront choisis en fonction de leurs expertises respectives. L'exécutif régional pourrait lever certaines taxes et bénéficier de certaines ristournes de la part du pouvoir central.

Une saine émulation pourrait s'instaurer entre ces quatre exécutifs régionaux dans l'éducation, la santé, la construction des routes, l'urbanisation tenant compte de la sauvegarde de l'environnement, la production agricole et l'agro-business. Chaque région se spécialiserait dans les secteurs où elle a un avantage comparatif.

Toutefois, des précautions doivent être prises dans la mise en place, l'organisation et l'exercice du pouvoir des régions. Certaines prérogatives telles que la conception et la mise en œuvre des grands travaux, la défense et la police relèveront du pouvoir central. Avec le brassage des populations que l'on constate depuis l'indépendance du pays, les élus se compteront aussi parmi des personnalités non originaires de la région où elles sont installées. Au demeurant, il faut faire en sorte que toute atteinte à l'unité nationale soit évitée dans le processus de décentralisation.

- *Création d'une nouvelle capitale*

Conakry, la capitale actuelle, est une presqu'île qui ressemble à un cul-de-sac. Cette configuration et les lotissements anarchiques font qu'il n'y a pas suffisamment d'espace. L'accès au port de Conakry s'en trouve très compliqué et ressemble à un véritable parcours de combattant. Les embouteillages surviennent à tout moment de la journée, voire de la nuit. Redessiner la ville et construire des voies d'accès coûteraient très cher, les populations autochtones ne voulant pas perdre leurs privilèges en matière domaniale, rendant la reconfiguration impossible. C'est pourquoi le projet Grand Conakry 2040 me paraît plus onéreux que la construction d'une nouvelle capitale.

En effet, la solution optimale est de créer de toute pièce une nouvelle capitale politique et administrative au centre de la Guinée, non loin de Dabola, à quelques 500 km de la presqu'île di Kaloum. Ainsi, Conakry deviendra la capitale économique du pays. On tiendrait compte des normes écologiques et d'urbanisation moderne pour prévoir toutes les infrastructures requises : rues larges, lampadaires électriques bien dimensionnés pour l'éclairage public, espaces verts, terrains de jeu pour les enfants, musées, théâtres, centres de conférence, centres commerciaux, etc.

Naturellement, des édifices seront construits pour abriter les institutions républicaines : la présidence de la République, l'Assemblée nationale et la Cour Suprême. Avec 3 milliards de dollars, on pourrait construire cette nouvelle capitale en investissant 600 millions par an sur 5 ans.

A titre d'exemple, la construction de la nouvelle capitale du Nigéria, Abuja, aurait coûté au départ quelque 100 millions de Francs français[145]. « La construction de Brasilia, en quarante mois, est une performance technologique, avec acheminement des matériaux par avion, travail du béton armé, audaces équilibristes »[146]. Brasilia a été inaugurée en 1960.

- *Gouvernance et éthique*

Le gouvernement central et les autorités régionales fonctionneront selon un code d'éthique décliné en plusieurs points, où des valeurs comme l'honnêteté, la vie conjugale, la qualité du casier judiciaire seront présentes. Des systèmes de contrôle seront mis en place et le pouvoir judiciaire pourra jouer son rôle. L'objectif est de prévenir autant que faire se peut les velléités de corruption et de comportement illicite des dépositaires de l'autorité. Dans une époque de médiatisation à outrance comme la nôtre, ceux qui sont appelés à conduire les destinées du pays

---

[145] Cf. Abuja, Cité des rêves, née et morte..., par Jean Baumier, in l'Observateur/Economie, 18-24 juillet 1986. Au taux de 1 Franc Français = 0,152 449 017 euro, 100 milliards de FF égalent environ 15, 245 milliards d'euros.

[146] Cf. Et de nulle part surgit Brasilia, par Véronique Mortaigne, in Le Monde/Culture et Idées, 16/12/2011.

doivent avoir un comportement exemplaire dans la sauvegarde des deniers publics et la conduite de leur propre vie privée.

Ceux qui sont coupables de manquements par rapport à la loi et au code d'éthique recevront le châtiment qu'ils méritent conformément à la loi, de façon à dissuader les potentiels délinquants financiers ou comportements en porte-à-faux avec la morale.

Les pratiques actuelles dans l'administration publique marquées par le clientélisme, la concussion et autres formes d'influence auront cessé, et à leur place un fonctionnement plus normal et la gestion axée sur les résultats prendront racine. Les usagers de l'administration n'auront plus besoin de suivre eux-mêmes leurs dossiers dans le circuit administratif pour les faire aboutir. Les structures de l'appareil d'Etat feront ce travail à leur place et dans des délais relativement courts.

- *Education et Recherche scientifique*

Les jeunes doivent être bien formés, de l'école primaire à l'université. Et l'administration doit cesser de donner de mauvais exemples en y faisant la promotion des plus médiocres. L'éloge de l'excellence doit être instauré partout dans les secteurs public et privé. Seuls les plus méritants doivent bénéficier de promotion et de distinction. En faisant le contraire, la direction du pays renvoie une mauvaise image aux jeunes qui ne trouveront pas nécessaire de fournir des efforts pour réussir à l'école, se disant que d'autres critères prévalent pour se hisser au sommet de l'appareil d'Etat ou de la société.

Le renforcement des ressources humaines jouera un rôle capital dans les années à venir. Il faudra que 8 universités soient construites, soit une par région administrative. Ces universités pourront se spécialiser dans des filières différentes, en donnant une priorité aux spécialités comme les mines, le pétrole, les nouvelles technologies de l'information, et les sciences et les mathématiques.

Le nombre pléthorique d'universités privées doit être réduit au minimum, soit deux ou trois qui seront retenues après une évaluation très serrée de leurs infrastructures immobilières, du corps professoral (nombre de professeurs agrégés titulaires, de professeurs agrégés et d'assistants de conférence), de la qualité des ateliers destinés aux travaux pratiques, et les programmes d'enseignement.

L'Institut national de recherche agronomique doit être mieux équipé et valorisé, afin qu'il puisse constituer un véritable laboratoire d'essai pour les agriculteurs. De la même manière, l'Institut national de santé publique (INSP) doit être logé dans un bâtiment fonctionnel, avec des laboratoires de recherche appropriés sur des maladies endémiques comme le paludisme. L'INSP pourra demander l'assistance de grands instituts de recherche tels que *CDC (Centers for Disease Control and Prevention)* d'Atlanta, aux Etats-Unis.

Culture et Arts

Le développement de la culture donne une indication du développement économique et social d'un pays. L'Amérique n'est pas seulement la première puissance économique du monde, elle est aussi une puissance culturelle essentielle.

La Guinée disposera ou créera un certain nombre d'institutions ou de structures pérennes capables de perpétuer les fondements de sa culture, à savoir :

(i) un Ensemble instrumental et choral national (il existait sous la 1ère République). Cet ensemble qui utilisait des instruments de musiques traditionnels est indispensable pour perpétuer la culture nationale en matière de chansons et de danses. Le pays ne peut pas se contenter des orchestres modernes qui vont puiser leur source à l'étranger. Bien que ce siècle soit celui de la mondialisation dans tous les domaines, chaque pays doit se présenter sur la scène internationale avec ses valeurs culturelles propres. La civilisation de l'universel dont parlait Léopold Sédar Senghor existe aujourd'hui plus que jamais. Mais, si *le rap* et *la soul music* sont bons, le *yankadi* et la *mamaya* sont tout aussi bons.

L'ensemble instrumental et musical est très important dans la pérennisation des richesses musicales du patrimoine culturel du pays qui résulte d'une fusion de la musique mandingue, avec les chœurs polyphoniques de la Guinée Forestière, les mélodies du Foutah et les rythmes de la Guinée-Maritime.

(ii) Création d'un Orchestre national, qui pourrait en particulier se produire lors des visites officielles des hôtes de marque en Guinée. Cela permettra de mettre en valeur la fusion des instruments de musique modernes et ceux traditionnels, et de perpétuer les chansons de geste et autres mélodies du patrimoine musical du pays.

(iii) Création d'une Ecole de musique dans chaque région naturelle qui enseigneront aux jeunes comment jouer les instruments de musique traditionnelle tels que le balafon, le *nkoni* à une ou deux cordes, le violon à une corde du Foutah, le *karian* et le *bölon* (qui ont tous tendance à disparaître des cérémonies de mariage et de baptême), la *kora* à 21 ou 26 cordes et le *djembé*. Il semble que les Ballets Africains existent encore en Guinée. Si cela est vrai, il va falloir rendre cette troupe plus visible sur la scène nationale et internationale.

(iv) Instauration de quinzaines artistiques une fois tous les deux ans afin de mobiliser l'attention des gens autour des arts pendant deux semaines. Cela permettra de régénérer périodiquement les fondements de nos valeurs artistiques.

(v)Construction de théâtres dans chaque chef-lieu de région naturelle, dans un premier temps, et dans chaque ville, dans un deuxième temps ; il y en aura donc quatre au total à l'intérieur du pays, puis autant qu'il y a de villes. Ces théâtres seront des lieux d'effervescence culturelle qui pourront abriter les productions des troupes de danse folklorique.

(vi) Disponibilité de salles de cinéma modernes dans les principales villes du pays, projetant des films en haute définition.

Le tourisme

L'industrie du tourisme est devenue, pour beaucoup de pays africains, une source de croissance[147].

Bénéficiant de sites naturels variés, d'un climat diversifié selon les régions naturelles et disposant d'un patrimoine artistique, artisanal et culturel riche, la Guinée tarde cependant à développer son secteur touristique. Mal exploité, lourdement handicapé par des contraintes, le tourisme pourrait cependant devenir un secteur de

---

[147] *Cf.* Visa pour l'Ile Maurice, L'Express n° 3125 du 25 mai 2011, page 39.

croissance si certaines mesures étaient prises et mises en œuvre à moyen terme.

Parmi les factures de blocage, il faut citer : le manque de structures d'accueil, tant à Conakry qu'à l'intérieur du pays ; l'insuffisance, voire l'absence, de la desserte en électricité et en eau potable ; l'état défectueux des routes ; l'absence de liaisons aériennes entre les régions naturelles du pays, les immondices de déchets dans les grandes agglomérations urbaines, notamment Conakry. Mais depuis 2011, le parc hôtelier s'est progressivement amélioré, surtout dans la capitale Conakry, ce qui pourrait contribuer à développer le tourisme d'affaires. Le tourisme classique sera adossé aux 301 sites déjà répertoriés. Quant au tourisme d'affaires, il sera impulsé, d'autant plus que les investisseurs sont de retour, surtout dans le secteur minier. Le renforcement de ces deux formes de tourisme est fortement tributaire de l'état des infrastructures et du climat des affaires.

La Guinée dans le concert des nations

- *Intégration régionale*

Depuis l'accession de la Guinée à l'indépendance en 1958, le pays a œuvré pour aider les autres pays africains à conquérir leur indépendance. A cet égard, il n'a pas ménagé ses efforts, poussant son assistance jusqu'à (i) envoyer des troupes dans certaines colonies portugaises, aux côtés des combattants locaux, (ii) accueillir les combattants des mouvements de libération comme *l'African National Congress (ANC)* d'Afrique du Sud, l'Organisation du peuple du Sud-Ouest africain, plus connue sous l'acronyme anglais de *SWAPO* (South-West African People's Organisation) de la Namibie, ou encore le Front national de libération de l'Algérie. La Guinée a donc joué un rôle de pays phare, fortement engagé dans les luttes de libération des autres pays qui étaient sous domination coloniale.

Après la décolonisation, le pays a lutté pour la réalisation de l'unité africaine. Le Président Ahmed Sékou Touré est l'un des pères fondateurs de l'Organisation de l'Unité Africaine (OUA) devenue aujourd'hui Union Africaine (UA).

La Guinée fait partie d'un certain nombre de regroupements sous régionaux dont les principaux sont : la Mano River Union, l'Organisation de mise en valeur du fleuve Sénégal (OMVS), et la Communauté économique des Etats de l'Afrique de l'Ouest (CEDEAO). L'intégration a toujours été un souci constant des dirigeants du pays, car créatrice de plus d'opportunités et de développement économique.

L'intégration des pays membres de la CEDEAO sera une réalité plus forte avec la création d'une monnaie commune ayant cours légal dans les 16 pays de la Communauté. Elle deviendra ainsi un marché commun des biens et services, l'idéal étant d'aboutir à une gestion budgétaire commune, afin d'éviter les errements constatés dans d'autres unions sur d'autres continents. Cela suppose la mise en place d'un Etat Fédéral ou confédéral supranational qui, avec la volonté politique, n'est pas une chimère.

En plus de l'intérêt politique, la Guinée a un intérêt économique dans l'intégration sous régionale du fait que si elle venait un jour à développer une industrie lourde sur la base des riches gisements de fer et de bauxite dont le pays dispose, sa démographie et la dimension de son économie et de son marché seront insuffisantes pour absorber les biens d'équipement produits. Lorsqu'elle mettra en valeur son grand potentiel hydroélectrique, cela constituera un atout certain pour l'industrialisation du pays.

- *Relations internationales*

Le pays a toujours voulu établir des relations d'amitié avec les autres pays du monde, sur la base d'un partenariat d'égal à égal.

Et de la tribune des Nations Unies, ses dirigeants ont toujours défendu les intérêts de l'Afrique, parfois même en s'attirant les inimitiés des grandes puissances, guidés qu'ils sont par leur amour tyrannique pour l'indépendance et la liberté pour tous les peuples.

- *L'impact probable de l'exploitation des richesses du sous-sol*

Compte tenu de ses richesses du sous-sol, la Guinée a établi des relations de partenariat avec les grandes sociétés multinationales, qui sont fondées sur la prise en compte des intérêts de chaque partie et du principe « gagnant-gagnant ». Ce type de partenariat permettrait au pays d'exploiter ses richesses minières en s'assurant qu'elles auront un impact certain sur le développement économique et social.

On peut envisager une hypothèse pessimiste dans lequel la situation actuelle ne connaîtra pas d'amélioration substantielle, en cas de guerre civile ou de troubles sociaux récurrents, comme on l'a vu au cours de la période 2001-2010. Toutefois, les mesures atténuantes d'une telle hypothèse résident dans le fait que les institutions républicaines sont désormais en place en

Guinée et que le débat politique a comme cadre légal l'Assemblée nationale et les médias. Cela désamorce en plus ou moins grande partie les manifestations de rue et violences inspirées par un esprit politicien. Cela préserve la paix sans laquelle aucun scénario de développement économique et social n'est viable.

Mais on peut envisager un cheminement sans perturbations qui procéderait d'une vision optimiste, quant à l'évolution des choses, c'est-à-dire une évolution qui ne rencontre aucun accident de parcours.

Cette vision optimiste de l'évolution pourrait être fondée sur la découverte du pétrole en quantité commercialisable[148] et surtout sur l'exploitation à moyen terme du minerai de fer de Simandou. La rétrocession des lots 2 et 3 à Rio Tinto qui a été scellée le 26 mai 2014 par un Accord entre le Gouvernement et la société australo-anglaise devrait conduire au démarrage effectif des travaux d'exploitation dans les meilleurs délais. Mais, pour des raisons liées d'une part à l'effondrement des cours mondiaux du fer (le cours du fer est passé de 180 dollars la tonne à 40 dollars en 2013), rendant ainsi difficile la rentabilisation des dépenses en infrastructures de transport nécessaires) et d'autre part, à des calculs d'ordre géostratégique[149], le démarrage des travaux n'a pas eu lieu.

---

[148] Le démarrage effectif des travaux de forage du puits pétrolier Fatala s'est opéré le 8 août 2017, selon la Direction Générale de l'Office National des Pétroles (ONAP). Les partenaires de la Guinée dans cette activité sont Hyperdynamics et SAPETRO. Mais, le puits a été foré à une profondeur totale de 5 117 m et n'a pas permis d'établir à ce stade la présence d'hydrocarbures dans le réservoir, d'après un communiqué de l'ONAP publié le vendredi 8 septembre 2017.

[149] Le Président Alpha Condé, dans un discours devant ses pairs de l'Union Africaine, lors de la Conférence sur l'émergence de l'Afrique

Un accord signé en novembre 2016, entre Rio Tinto et Chinalco, sous l'égide du gouvernement guinéen, prévoyait le transfert des actions et des activités de Rio Tinto à l'entreprise chinoise au plus tard le 30 juin 2017. Mais, cette opération n'est pas achevée et Chinalco poserait de nouvelles conditions, notamment la récupération des deux blocs du nord-Simandou, la reprise de l'étude de faisabilité et la modification conséquente du calendrier du projet.

Toutefois, avec la remontée des cours du fer, l'exploitation du Simandou pourrait être rentable. Selon les estimations faites en 2012, la mise en valeur du minerai de fer du pays devrait injecter dans le tissu économique quelque 20 milliards de dollars US incluant les coûts d'exploitation du gisement de fer, de la construction d'un chemin de fer long de 650 km pour évacuer le minerai vers la côte atlantique, d'un port en eau profonde et de 1000 km de routes.

Le projet de chemin de fer du Simandou présente les caractéristiques suivantes :

- Longueur : 650 km ;
- Ecartement standard : 1435 mm ;
- Charge à l'essieu : 40 tonnes ;
- 3 tunnels de 24 km au total ;
- Nombre de Ponts et viaducs : 68 ;

---

tenue à Abidjan du 28 au 30 mars 2017, a dévoilé que Rio Tinto a gelé à dessein l'exploitation du Simandou pour ne pas pénaliser les investissements déjà réalisés en Australie par l'entreprise australo-anglaise. Il faut signaler que la teneur en fer du Simandou est de loin plus élevée que celle du fer exploité en Australie. Le Président Condé a même parlé de « mise en jachère » de la mine de fer de la Guinée par les multinationales afin qu'ellles puissent continuer à exploiter le fer de l'Australie de moindre qualité.

- Coût estimatif : 7,086 milliards de dollars US, y compris les équipements roulants.

Un train minéralier sera constitué de 6 locomotives, 240 wagons et une voiture de transport du personnel et pour une longueur d'environ 2500 mètres. Ces estimations seront affinées par l'étude de faisabilité bancable que le Groupe Rio Tinto devrait finaliser dans un délai d'un an.

Avec Simandou, la donne économique changera en Guinée. Car la mise en œuvre du projet par Chinalco ou toute autre *major* sera un véritable choc auquel il faudra que l'économie guinéenne s'adapte.

En effet, les commandes seront tellement importantes du jour au lendemain qu'il sera difficile d'y répondre. Le recours aux prestations des sociétés locales, les achats massifs de véhicules, d'alimentation et d'engins de travaux publics et l'application de normes et standards internationaux en matière médicale, de BTP et autres apporteront quelque chose de nouveau et d'inédit dans le paysage économique de la Guinée.

En outre, si le projet Simandou voit le jour, il aura un impact important sur la redynamisation des activités des petites et moyennes entreprises, la mobilisation des ressources fiscales, les paiements de divers types de redevances, la création de 40.000 emplois, selon les estimations. Le démarrage effectif du projet va changer l'arithmétique de la croissance agrégée d'une manière significative en induisant une croissance plus forte que les 8 % que visent les perspectives d'évolution optimiste de l'économie guinéenne.

En effet, du fait du niveau actuel du taux de croissance du PIB de la Guinée, à savoir 2,5 % enregistré en 2013, selon les prévisions du Ministère du Plan estime, ce taux pourrait doubler à partir de 2016[150]. Malgré les effets négatifs de la fièvre Ebola, le taux de croissance du PIB s'est établi à 3,7 % en 2014[151]. Si l'exploitation du Simandou avait démarré dans la période 2012-2015, le taux de croissance pourrait atteindre les deux chiffres à partir de l'année du début de production de Simandou (2018/2019), soit 15 % en moyenne au cours des deux premières années.

Sous l'impulsion de l'exploitation du minerai de fer du Simandou, de la bauxite et, peut-être, du pétrole, l'économie guinéenne se transformera dans 30 ans en une « économie du bonheur » (« *the economics of happiness* ») en offrant aux populations non seulement les infrastructures de base (eau potable, électricité), mais aussi des revenus élevés, un environnement propre, l'accès gratuit au *Wi-Fi*, des transports publics de qualité, des autoroutes entre les principales villes, des rues bitumées entre les préfectures et les sous-préfectures, des pistes rurales bien entretenues entre les sous-préfectures et les districts, des aérodromes modernes dans les chefs-lieux des quatre

---

[150] Mais les prévisions de croissance peuvent être mises à mal par la fièvre à virus Ebola qui constitue la priorité dans l'action gouvernementale. Elle aura un impact certain sur les activités économiques qui se sont considérablement ralenties, les frontières avec certains pays voisins ayant été fermées, et une bonne partie des investisseurs étrangers préférant reporter la mise en œuvre de leurs projets à plus tard (la rencontre du Premier Ministre avec les hôteliers à Conakry en août 2014 a révélé que le taux de fréquentation des hôtels a baissé jusqu'à 10%). En 2016, avec la fin de la maladie, les investissements étrangers ont repris.

[151] *Cf.* Tableau du cadrage macroéconomique 2016.

régions naturelles, des trains à grande vitesse entre les principales villes, un niveau culturel plus élevé des populations et des communautés vivant en parfaite harmonie.

L'avènement de l'économie du bonheur fera de la Guinée un pays où il fait bon vivre, un pays où le bonheur sera mieux partagé entre les différents segments de la population, où toutes les populations pourront jouir d'une meilleure qualité de vie.

Dans cette hypothèse, la transformation de la Guinée en un pays à revenu intermédiaire et, par la suite, un pays émergent pourra s'effectuer plus rapidement que prévu. Et la prospérité tant attendue par l'ensemble des populations depuis l'indépendance du pays en 1958 pourra enfin être une réalité tangible.

CONCLUSION

L'Afrique noire a sans doute mal engagé son développement économique et social dans les années 60, au lendemain des indépendances alors qu'elle était déjà lourdement handicapée par les impacts du colonialisme. Toutefois, depuis le début du 21ème siècle, les paramètres commencent à changer dans le bon sens. En effet, au cours des dix dernières années, on enregistre des taux de croissance élevés. En moyenne, l'Afrique affiche un taux de croissance annuel moyen de son PIB de 5 %. Cette tendance s'est quelque peu inversée au cours de 2016 avec un taux de croissance régionale de 1,4 %, le plus bas en deux décennies. Un redressement modeste est attendu à fin 2017. La chute des prix des matières premières, dont l'Afrique est surtout exportatrice, est à incriminer dans le ralentissement de l'essor économique.

Selon Carlos Lopes[152], si le rythme de croissance élevé est maintenu, les projections indiquent que le PIB de l'Afrique augmentera approximativement trois fois plus à l'horizon 2030 et sept fois plus à partir de 2050.

Mais, comme toutes les moyennes, celle-ci masque de grandes disparités entre pays. En effet, pour prendre le seul exemple de la Guinée, avant et après les dix dernières années de son indépendance, le pays a été incapable d'atteindre un taux de croissance de 6 %, valeur cible fixée dans « Guinée, Vision 2010 » en 1996. Selon les

---

[152] Cf. article déjà cité.

prévisions du FMI, le taux de croissance du PIB pourrait atteindre les 6,7 % en fin 2017[153].

L'enseignement que l'on peut tirer des expériences passées aboutit à plusieurs ingrédients de la croissance et du développement : industrialisation, institutions, stabilisation, promotion du commerce extérieur, éducation, santé, ajustements structurels, gouvernance, etc.

Il faudra repenser toutes ces approches et élaborer de l'intérieur du continent des stratégies de développement tenant compte des spécificités propres à chaque pays : ressources naturelles, histoire, géographie, etc. Ensuite, il faudra, progressivement mettre fin à l'économie coloniale qui a fait de l'Afrique une pourvoyeuse de matières premières agricoles et minières du monde industrialisé, afin de créer une valeur ajoutée à nos produits.

La base de ces stratégies doit être un ensemble d'éléments : une vision, des actions stratégiques, un programme qui peut s'exprimer à travers des plans de développement.

En plus, le développement demande du temps, des ressources financières, des expertises locales et une bonne gouvernance. Une bonne combinaison de tous ces éléments peut mettre un pays sur le sentier de la croissance, une croissance robuste capable d'inverser la courbe de l'aggravation de la pauvreté. Le passage du concept de réduction de la pauvreté dans les années 90 à celui d'éradication de la pauvreté aujourd'hui, implique des changements dans l'approche de la réduction de la pauvreté.

En effet, dans la lutte contre la pauvreté, le Programme de développement durable à l'horizon 2030 se fonde sur le

---

[153] *Cf.* Guinea : 2016 Article IV Consultation-Press Release; Staff Report ; and Statement by the Executive Director for Guinea, July 29, 2016.

principe de « ne pas faire de laissés-pour-compte dans la lutte contre la pauvreté, l'exclusion et l'inégalité », et reconnaît les liens étroits existant entre pauvreté, exclusion et inégalité. Pour lutter donc efficacement contre la pauvreté, pour atteindre l'éradication de la pauvreté, il faudra « examiner les cibles, les méthodologies, les stratégies et les politiques susceptibles d'être exploitées en faveur de la réalisation de ce principe inclusif »[154]. Cette approche doit désormais inspirer la Guinée dans sa stratégie de lutte contre la pauvreté.

Le développement a horreur de l'improvisation. La meilleure méthode pour faire progresser un pays, doit reposer sur deux principes : (i) la réflexion doit précéder l'action ; et (ii) l'évaluation de l'action doit être permanente[155]. Le rattrapage de développement sur les pays avancés ne pourra se faire qu'à ce prix.

La bataille du développement n'a pas de panacée. Chaque pays doit concevoir des stratégies qui s'adaptent le mieux à ses réalités sociologiques et politiques, à ses atouts naturels du sol et du sous-sol, à son histoire et sa culture.

Par des politiques économiques bien conçues et appliquées avec rigueur, ou sous l'effet plus ou moins bénéfique de la production de pétrole, certains pays africains ont réussi depuis une décade à enregistrer des taux de croissance à deux chiffres. Cela leur a permis la mise en place d'infrastructures socioéconomiques

---

[154] Cf. The International conference on poverty eradication, Gaboronne, Botswana, 20-21 mars 2018.

[155] Michel Rocard a fait de cette méthode une constante lorsqu'il était Premier ministre (1988-1991). Or, c'est souvent cette rationalité qui manque à l'action gouvernementale dans bien de pays africains.

permettant à leurs populations de connaître une qualité de vie supérieure à celle qui existait dans les années 60.

Il faut capitaliser les acquis de l'Afrique en matière de développement en transformant son économie fondée sur l'exportation des matières premières en une économie exportatrice de produits manufacturés. Malgré les défis auxquels elle fait face, l'Afrique doit mettre à profit ses avantages comparatifs en s'appuyant sur le secteur privé, notamment les investissements directs étrangers (IDE). L'Afrique est aujourd'hui l'une des places où l'indice de rentabilité des entreprises est le plus élevé au monde, notamment dans les pays suivants comme le Botswana, l'Ethiopie, le Ghana, le Gabon, le Mozambique, le Rwanda, le Sénégal et la Zambie[156].

Mais, dans l'absolu, les pauvres ont peu bénéficié des effets de la croissance. Par exemple, un pays comme l'Angola a enregistré en 2008 un taux de croissance du PIB de 20,8 %, mais plus de 60 % de sa population vit encore dans l'extrême pauvreté[157]. Malgré ses richesses pétrolières et l'importance de son PIB (le pays se classe au 66ème rang dans le monde en termes de PIB), l'Angola est classé au 101ème rang en termes de PIB par tête d'habitant. Cela donne une indication sur la répartition de la richesse nationale[158]. Même au Ghana qui a connu un taux de croissance moyen annuel du PIB de 8,5 % avant l'effondrement des cours des matières premières, les

---

[156] *Cf.* Discours d'Abdoulaye Mar Dieye, Assistant de l'Administrateur et Directeur Régional, PNUD, Bureau Régional pour l'Afrique, lors de la TICAD, 11ème Conférence Ministérielle, Maputo, Mozambique, 24-25 mai 2017.

[157] *Cf.* Jeune Afrique n° 2765 du 5 au 11 janvier 2014.

[158] *Cf.* BMF warns SA economy from transformation goal, by Zandisile Luphahla, in The New Age, Thursday, 19 June 2014.

succès économiques et politiques ne profitent pas à tout le monde. Les richesses naturelles ne signifient pas nécessairement que la majorité de la population jouit des bénéfices qui en résultent.

Bien que pays minier richement doté, la Guinée ne fait pas partie des pays dont le dynamisme économique est reconnu. Après 60 ans d'indépendance (qui a été conquise le 2 octobre 1958), elle tarde à amorcer son développement économique et social. Les causes de ce paradoxe sont diverses, relevant à la fois du politique, de l'économique et de l'incurie des classes dirigeantes successives, ainsi que du contexte international. Pourtant, le pays ne manque pas d'atouts sur le plan des ressources naturelles.

Après des décades de gestion économique et financière inefficace, après l'observation de cas de bonnes pratiques ailleurs en Afrique et en Asie, il est possible de tracer les contours d'une vision et d'une stratégie de développement économique et social de la Guinée se fondant sur ses ressources naturelles, pas seulement les mines, et tenant compte de la mondialisation et des opportunités que celle-ci lui offre. Cette stratégie que nous avons dénommée Stratégie de transformation de la Guinée (STraG) assurera le développement économique et social du pays en s'appuyant sur quatre piliers : l'agriculture, l'énergie hydroélectrique, les mines et la bonne gouvernance. Les trois premiers secteurs peuvent être des leviers permettant de déclencher une dynamique vertueuse dans le développement économique et social. Ils ont un grand potentiel de création d'emplois, et peuvent générer d'importantes ressources financières internes et des recettes d'exportation considérables. Le choix de cette stratégie reflète une volonté réelle de diversification de l'économie guinéenne.

L'exploitation judicieuse de ces trois secteurs doit s'appuyer sur l'input du secteur privé, national et étranger, l'Etat devant jouer un rôle de stimulant et de régulateur en créant un cadre juridique favorable aux IDE.

Les liens entre les quatre piliers sur lesquels doit reposer le développement de la Guinée sont très étroits. L'industrie minière et l'industrie agro-alimentaire ont besoin d'une grande quantité d'électricité pour se développer. Une agriculture florissante est indispensable pour soutenir l'alimentation des milliers d'ouvriers et autres experts travaillant dans les usines de transformation de la bauxite et du minerai de fer. Et la bonne gouvernance, en tant que thème transversal qui doit imprégner la gestion de chacun des trois autres piliers, permet de faire profiter au plus grand nombre de la population les effets bénéfiques découlant de l'exploitation de l'agriculture, de la production hydroélectrique et de la transformation des minerais sur place.

Toutefois, pour tirer le meilleur parti de ces trois grappes de croissance, il faudra que, par des allocations importantes de ressources financières appropriées, l'Etat assure le développement des accélérateurs de croissance que constituent l'éducation, la santé, les TIC et les infrastructures routières, ferroviaires, portuaires et aéroportuaires.

BIBLIOGRAPHIE

I. PUBLICATIONS SUR LA GUINEE

La Guinée, sa « terre » : potentiels minier et agricole et son peuple : potentiel humain, par M. Denis Thirouin, expert minier, Secrétaire Général de la société Mifergui-Nimba, *in* La Lettre Diplomatique n° 98, Deuxième trimestre 2012

Cadrage macroéconomique annuel 2011 (Mise en œuvre de la stratégie de réduction de la pauvreté), Ministère du Plan, Direction nationale du Plan (Annexes), Conakry, juillet 2012

Guinea CPD sector profile mining, un document présenté au Forum d'Abu Dhabi, 2013

Ibrahima Soumah, Avenir de l'industrie minière en Guinée, Editions l'Harmattan, Paris, 2006, Tableau de la page XII

Atelier national sur le cadre de dépenses publiques à moyen terme, Secteur de l'énergie (Electricité, Energie renouvelable, Eau, Hydrocarbures), Ministère des ressources naturelles et de l'énergie, République de Guinée, 1997

Une synthèse sur les barrages hydroélectriques en Guinée, préparée par Ousmane Tanou Diallo, Consultant Ingénieur électricien, Spécialiste en énergie, 2012

« Souapiti : un site prometteur pour l'industrialisation de la Guinée et l'intégration énergétique sous régionale », Connaissance du potentiel hydroélectrique du fleuve Konkouré, 2012

Rapport sur la situation économique et sociale de la Guinée (2009-2011), Ministère du Plan, Direction nationale du Plan, Conakry, novembre 2012

Un atout majeur pour la valorisation du potentiel hydro-électrique de la Guinée. Le système d'échanges d'énergie électrique ouest-africain (EEEOA)/West African Power Pool (WAPP), 2012

Guinea : Policy Note on Electricity and Water, Emilio Sacerdoci, Consultant, Banque mondiale, 21 mai 2010 ; (ii) Rapport sur la situation économique et sociale de la Guinée 2009-2011, Ministère du Plan, Direction nationale du Plan, Conakry, novembre 2012

Document Forum des investisseurs à Abu-Dhabi FP Elevage Agriculture GAD, « Opportunités d'investissements dans l'élevage (couvoir, production d'aliment de bétail, abattoirs, sélection et croisement des animaux), Décembre 2013

La population de la Guinée : situation actuelle et défis de l'avenir, Ministère du Plan et Fonds des Nations Unies pour la population, Editions Ganndal, Mai 2013

Recensement national de l'Agriculture (RNA : 2000/2001) Service National des Statistiques Agricoles (SNSA, Institut National de la Statistique, République de Guinée, 28 janvier 2012

Recensement national de l'Agriculture (RNA : 2000/2001) Service National des Statistiques Agricoles (SNSA, Institut National de la Statistique, République de Guinée, 28 janvier 2012 : Tableau intitulé Dynamique de production des principales cultures vivrières de 2000 à 2015, SNSA, Ministère de l'Agriculture et de l'Elevage

L'agriculture en Guinée à l'aube de l'an 2000, par Olivier Bain, article remis en ligne par Jean-Marc Liotier, *in* Afrique : histoire, économie, politique 19982001

Mamadi Camara, Quarante ans de gestion socialiste et libérale de la monnaie en Guinée, Editions Ganndal, Conakry, septembre 2003

Mamadi Camara, Où va la Guinée ? Editions l'Harmattan, Paris, juin 2010

Abdoul Goudoussou Diallo, Géographie de la Guinée, Editions l'Harmattan, 2011

Maurice Houis, La Guinée Française, Editions Maritimes et Coloniales, 1953

Note d'aménagement hydroélectrique de Kaleta sur le fleuve Konkouré, par Ousmane Tano Diallo, Consultant Ingénieur électricien, Spécialiste en Energie, septembre 2012

Document de stratégie de réduction de la pauvreté DSRP III (2013-2015), Ministère d'Etat chargé de l'Economie et des Finances, Secrétariat Permanent de la Stratégie de réduction de la pauvreté (SP-SRP), mai 2013

Pauvreté et inégalités en Guinée de 1994 à 2012, Analyse à partir d'enquêtes auprès des ménages, Ministère du Plan, Direction nationale du Plan, juillet 2012

La recherche halieutique de la République de Guinée – Plan stratégique 2016-2020

Cadre de politique de développement de l'a pêche et de l'aquaculture en Guinée, Mise à jour de la Lettre de politique de la pêche et de l'aquaculture (LPDPA 2016-2020) – Alignement du cadre politique et de la stratégie de réforme de la pêche et de l'aquaculture en Afrique, par Dr Moustapha Kébé, Economiste des pêches, Consultant international, Ministère de la pêche et de l'aquaculture, République de Guinée/ NEPAD, Février 2016

Document-cadre de politique des pêches et de l'aquaculture (DOCPA), Ministère de la pêche et de l'aquaculture, République de Guinée, décembre 2015

Guinea : 2016 Article Consultation-Press Release ; Staff Report ; and Statement by the Executive Director for Guinea, July 29, 2016.

II. PUBLICATIONS DES INSTITUTIONS FINANCIERES INTERNATIONALES

Cap-Vert : Fiche pays, septembre 2009, Banque mondiale

Perspectives économiques pour l'Afrique en 2012, Note pays du Cap-Vert

Rapport d'évaluation du projet de réhabilitation et d'extension des réseaux électriques de Conakry, Guinée, Banque africaine de développement, juillet 2008

Guinée : Document de stratégie-pays (DSP) 2012-2016, Banque africaine de développement, Département régional Ouest 2, décembre 2011

Stratégie du secteur agricole du Groupe de la Banque africaine de développement 2010-2014, 7 décembre 2009

Madagascar : Pour un dialogue sur les enjeux de développement, Banque mondiale, juin 2013

Global economy to grow this year, World Bank in Business Report, South Africa's national financial daily, Wednesday, January 15, 2014

Madagascar : Economic Update, the World Bank Group – Antananarivo Country Office, October 2012

Ghana : Document de stratégie pays 2012-2016, Banque africaine de développement, 2012

Ghana, Perspectives économiques en Afrique, BAfD/OCDE 2007

Perspectives économiques en Afrique 2014, Afrique de l'Ouest, Ghana, dernière mise à jour 06/09/2013

FMI, *World Economic Outlook*, 2013

Cap-Vert : l'Evaluation de l'assistance de la Banque 1996-2007, Département de l'évaluation des opérations

(OPEV), Groupe de la Banque africaine de développement, 15 octobre 2009

Gouvernance en Afrique : Etat des lieux, *in* Etudes et Recherches économiques n° 67, par Tchabouré Aimé Gogue, FASEG, Université de Lomé, Banque Africaine de Développement

Guinée, Rapport d'évaluation du programme d'appui aux réformes économiques et financières (PAREF), Banque africaine de développement, mars 2011

Guinée : Document de stratégie pays 2012-2016, préparé par ORWB, Banque africaine de développement, 26 janvier 2012

Rapport de la Banque mondiale 2000-2001 sur le développement intitulé « Combattre la pauvreté », Banque mondiale, septembre 2000

III. AUTRES PUBLICATIONS

René Dumont, L'Afrique noire est mal partie, Editions du Seuil, Paris, 1962

Paul Samuelson, l'Economique, tome 2, Editions Armand Colin, Paris, 1975

Dictionnaire d'économie et de sciences sociales, 7ème Edition revue, augmentée, sous la Direction de C.D. Echaudermaison, Editions Nathan, Paris, 2007

Samir Amin, La faillite du développement en Afrique et dans le tiers-monde, Une analyse politique, Editions l'Harmattan, Paris 1989 Paul

Vi, Populorum, 1957

Malaisie : Développement social, réduction de la pauvreté et transformation de l'économie, Leong Choon Heng et Tan Siew Hoey

Analyse économique et historique des sociétés contemporaines, Philippe Deubel, Pearson Education, France, 2008
CNUCED (Conférence des Nations-Unies sur le Commerce et le Développement) dans son « World Investment Report 2011 »
Political History, culled from the booklet "Ghana – a brief guide", published by the Ghana Information Services Department, 1994
Michel Lesourd, Insularisme et Développement en République du Cap-Vert, Laboratoire d'Etudes des régions arides, Université de Rouen, Février 1994
Markus Eberhardt and Francis Teal, « Le Ghana et la Côte d'Ivoire : une inversion des rôles », *in* International Development Policy, Revue internationale de politique de développement, janvier 2010
Chukwu-emeka Chikezie Chukwu-emeka Chikezie, La diaspora africaine : panafricanisme ou solidarité villageoise ? Document présenté au troisième Forum pour le développement de l'Afrique (ADF III), « Définir les priorités de l'intégration régionale », Centre de conférence des Nations Unies, Addis-Abeba (Ethiopie), AFFORD 3 – 8 mars 2002
Ghana, Perspectives économiques en Afrique, BAfD/OCDE 2007
Perspectives économiques en Afrique 2014, Afrique de l'Ouest, Ghana, dernière mise à jour 06/09/2013
Le Ghana et la Côte d'Ivoire : une inversion des rôles, *International development policy*/Revue internationale de la politique de développement (online), par Markus Ebrhardt and Francis Teal, tous deux chercheurs à l'Université d'Oxford, 24 janvier 2014

Iza Lejarraga, Le tigre qui ronronne ou le chat qui miaule : étude diagnostique de la croissance au Ghana, Banque africaine de développement, 2010

Document officiel de la Conférence des pays membres de l'Alliance des pays producteurs de cacao (Copal), qui se sont retrouvés à Yaoundé, au Cameroun, du 08 au 12 octobre 2012 dans le cadre de leur 75ème assemblée générale

Malaisie-Communauté européenne, Document de Stratégie pour la période 2007-2013, Version finale

Elsa Lafaye de Micheaux, Malaisie, un modèle de développement souverain ?, Lyon, ENS Editions, 2012

L'amélioration de la Gouvernance des investissements fonciers à grande échelle en Afrique : le rôle des parlementaires, par Dr. Joan C. Kagwanja, Responsable de l'Initiative de la politique foncière – de l'intégration régionale et de la Division du commerce – Commission Economique pour l'Afrique (CEA), 6ème Conférence annuelle des Présidents des Assemblées nationales et des sénats d'Afrique, 13-14 août 2014, Midrand, Johannesburg, République sud-africaine

Agenda 2063, L'Afrique Que Nous Voulons, Edition finale, Avril 2015

Les dix-sept objectifs de l'ONU pour une planète durable, *in* Le Monde, 25-09-2015, par Rémi Barroux

Note : L'ASEAN, pôle d'attractivité pour les investissements étrangers, Ambassade de France à Singapour, Service Economique Régional, 10 juillet 2015

IV. JOURNAUX ET MAGAZINES

Visa pour l'Ile Maurice, L'Express n° 3125 du 25 mai 2011, page 39

Interview accordée par Mory Diané, Vice-Président d'Amex International, une Société de courtage maritime, au cours

de l'émission « Plus d'Afrique » de Radio France Internationale le samedi 10 novembre 2012, émission animée par Alain Foka où il présente des hommes et des femmes qui font briller l'Afrique
La croissance pour tous, c'est possible, *in* Jeune Afrique n° 2765 du 5 au 11 janvier 2014
Célestine ZANOU, « Du Plan d'Action de Lagos (PAL) au NEPAD : deux conceptions du développement, deux idéologies.... » *in* La Presse du Jour du 12 décembre 2008
Centre d'intérêt 1 : Le financement pour le développement en Afrique
De nouveaux outils pour financer les défis d'une nouvelle Afrique, par Henri de Raincourt, ministre chargé de la Coopération, et Donald Kaberuka, président de la Banque africaine de développement, *in* Le Monde du 25/04/2011
Le Quotidien du Peuple *en ligne*, Edition du 16-10-2007
Ghana, a rising star *in* African Business, n° 395 March 2013
« Scaling up agribusiness should be Africa's next growth frontier », par Pedro Lopes, Secrétaire Exécutif de la Commission Economique pour l'Afrique des Nations Unies, in Business Report International, Johannesburg, dans la rubrique Opinion and Analysis, Thursday, April 17, 2014
Good news India, from famine to plenty, from humiliation to dignity, November 2002, online
Agence Ecofin Agro du 16 avril 2013
Laurent Curau, Fondateur@cafedela brousse.com, le 19 novembre 2012, tiré des publications du World Gold Council
Le magazine Lemoci, le moteur du commerce international, 13/05/2014
France Diplomatie, Présentation de la Malaisie, 14/04/2014
Abuja, Cité des rêves, née et morte... in l'Observateur/Economie, par Jean Baumier, 18-24 juillet 1986

Et de nulle part surgit Brasilia, in Le Monde/Culture et Idées, 16/12/2011, par Véronique Mortaigne

BMF warns SA economy far from transformation goal, by Zandisile Luphahla, in The New Age (quotidien sud-africain), Thursday, 19 June 2014

Tshwane : exemplifying economics of happiness, by Kgosientso Ramokgopa, executive mayor of
in Pretoria News, Tuesday, July 8, 2014

SA falls short in the quality of its schools, by Sizwe Dlamini, *in* Business Report International, Thursday, September14, 2017, page 23

Guinée-Conakry

aux éditions L'Harmattan

Dernières parutions

DROIT CONTITUTIONNEL – LE POUVOIR EXÉCUTIF EN GUINÉE
Thiam Mohamed Aly - Préface d'Ansoumane Camara
Ce livre est un exposé critique de la fonction de président de la République. Il analyse le titre III de la Constitution guinéenne consacré au pouvoir exécutif attribué au président de la République. À la fois chef suprême de l'exécutif, gardien et garant de la Constitution, le président de la République est, à ce double titre, chargé de donner les impulsions fondamentales, de définir les directions essentielles, de garantir l'équilibre de la société guinéenne, la solidarité et la cohésion en son sein et de renforcer le système de protection sociale.
(Harmattan Guinée, 20.00 euros, 192 p.)
ISBN : 978-2-343-12053-9, ISBN EBOOK : 978-2-14-005031-2

CONTES ET LÉGENDES DU FOUTA TRADITIONNEL
Diallo Aïssatou - Illustrations de Mas-Daka
Pourquoi un roi ne doit pas traverser le pont de la Sassée ? D'où viennent les lamantins du Barinwol ? Qui épousera la fille de la lune, un riche prince ou un jeune homme du peuple ? Pourquoi le lièvre et l'hyène sont-ils devenus amis ? Pourquoi les singes vivent-ils dans les arbres ? Vous découvrirez les réponses dans ce recueil de contes et légendes guinéen qui suscitent le rire, la peur, la joie afin de sensibiliser et d'éduquer. Ces différents récits évoquent des thèmes aussi variés que le vol, l'amour, la malédiction, la réconciliation, la polygamie...
(Harmattan Guinée, Coll. La légende des mondes, 11.50 euros, 80 p.)
ISBN : 978-2-343-13175-7, ISBN EBOOK : 978-2-14-005065-7

MANUEL DE GESTION DES MATÉRIELS ET MATIÈRES EN ADMINISTRATION PUBLIQUE
Doumbouyah Mamadi
Ce manuel présente les connaissances nécessaires à la compréhension des techniques comptables applicables pour l'enregistrement des opérations liées aux mouvements des matières et matériels : règles comptables en vigueur ; définition des mandats et responsabilités des services dans la collecte des besoins et la gestion des matières et matériels ; système approprié de gestion sur la base des besoins réels exprimés ; opérations de fin d'exercice, établissement des états et synthèse des opérations comptables ; contrôle et suivi de gestion des matières et matériels.
(Harmattan Guinée, 15.00 euros, 132 p.)
ISBN : 978-2-343-13168-9, ISBN EBOOK : 978-2-14-005032-9

LA GUINÉE LOCOMOTIVE DES INDÉPENDANCES AFRICAINES
Sy Savane Alpha Oumar
Préface de Souleymane Kéita
Le «Non» historique et légendaire de la Guinée au référendum gaulliste du 28 septembre 1958 a fait une brèche dans l'Empire colonial français. Les dates des 25 août, 28 septembre, 2 octobre et 12 décembre 1958 ont été des gifles au général de Gaulle et en même temps des pas de géant vers la libération totale du continent africain. Ce livre met en valeur l'impact de la lutte de la Guinée sur l'éveil politique de l'Afrique pour l'indépendance. Ainsi, la Guinée devient la locomotive des indépendances africaines.
(Harmattan Sénégal, 13.50 euros, 104 p.)
ISBN : 978-2-343-11886-4, ISBN EBOOK : 978-2-14-004897-5

DE LA « RADIO BANANE » À LA VOIX DE LA RÉVOLUTION
L'expérience radiophonique en Guinée
Camara Bangaly
Préface de Mohamed Condé
L'expérience radiophonique en Guinée a connu trois grandes périodes. Lors de la première, de 1950 à 1955, la radio était au service de la métropole afin de servir les intérêts exclusifs des planteurs européens. Pendant la deuxième période, de 1956 à 1958, la radio a participé activement à l'éveil des consciences, à la lutte pour l'indépendance nationale et à l'émancipation du continent. Au cours de la troisième période, de 1958 à 1984, elle a contribué à la consolidation des acquis de l'Indépendance nationale, à la lutte de libération des peuples africains et à la valorisation de la culture nationale et africaine.
(Harmattan Guinée, 15.50 euros, 138 p.)
ISBN : 978-2-343-11871-0, ISBN EBOOK : 978-2-14-004703-9

ENTRE LES MAILLES DE LA SAVANE ; LE CHASSEUR, L'ÉLÈVE ET LE PROFESSEUR
Diallo Alfa Oumar, Kouyate Sékou Dine
Dans ce livre, les auteurs ont cherché à comprendre ce qu'est la confrérie des chasseurs au plat pays de Keita Fodéba. Chez les Mandingues, les chasseurs (Donsow) sont considérés comme des héros civilisateurs, fondateurs des premiers villages de Siguiri. Devins et guérisseurs, ils détiennent de nombreuses connaissances secrètes. Ils sont chargés d'apporter la nourriture indispensable à la survie de leur communauté, mais aussi de veiller à son intégrité en administrant des soins et en protégeant des ennemis visibles et invisibles, ce qui leur confère autorité et pouvoir au sein de la société.
(Coll. Études africaines, 30.00 euros, 300 p.)
ISBN : 978-2-343-12731-6, ISBN EBOOK : 978-2-14-004917-0

LA DICTATURE, MODES D'EMPLOI
Bari Nadine
L'auteur offre un panel de réactions à la dictature, où l'humour côtoie l'impuissance, le déni ou le devoir. L'ouvrage dresse un portrait de la nature humaine dans sa complexité. Ce petit manuel a pour ambition de lutter contre

l'amnésie de tout un peuple, afin de ne pas perpétuer «la culture du silence», qui aboutirait à refaire l'Histoire. Ces flammèches d'espoir échappées de l'âme guinéenne devraient aider à souder la Guinée.
(Harmattan Guinée, 16.50 euros, 150 p.)
ISBN : 978-2-343-13031-6, ISBN EBOOK : 978-2-14-004652-0

HISTOIRE POLITIQUE ET SOCIALE DE LA GUINÉE
De 1958 à 2015
Aliou Diallo Elhadj Mamadou
De l'Indépendance au régime contesté d'Alpha Condé, de ses élans de liberté aux désillusions d'un peuple manipulé, des élections libres aux ingérences étrangères, l'auteur revient avec cette étude, aussi critique que documentée, sur près de soixante ans d'histoire guinéenne, émaillée de tromperies et de défis truqués, dressant le portrait d'un pays à la démocratie aujourd'hui encore balbutiante.
(15.50 euros, 142 p.)
ISBN : 978-2-343-12602-9, ISBN EBOOK : 978-2-14-004474-8

LE CNDD, LA TRANSITION ET MOI
Témoignage d'un ministre de la République
Sano Koutoubou Moustapha
Actuel ministre et conseiller diplomatique du président de la République de Guinée-Conakry, et témoin d'événements politiques majeures en Guinée, l'auteur nous livre ses Mémoires. De l'avènement du Conseil national pour la démocratie et le développement suite à la prise de pouvoir par la junte militaire, jusqu'à la formation d'un gouvernement d'Union nationale de transition, il relate son expérience et sa contribution à l'achèvement de cette transition politique.
(Harmattan Guinée, 19.00 euros, 196 p.)
ISBN : 978-2-343-12679-1, ISBN EBOOK : 978-2-14-004425-0

MA GUINÉE PLURIELLE
Chroniques d'une Guinée ineffable à partir d'un blog
Sow Alimou
Dans cet ouvrage, nous côtoyons, de texte en texte, parfois dans le même, la pauvreté, la violence, la corruption, la gabegie, le népotisme, l'ethnocentrisme, l'incivisme… Tous ces maux qui rongent les États africains, du moins la majorité, depuis les soleils des indépendances qui, ayons le courage de l'affirmer, peinent encore à briller. Loin de tomber dans le pessimisme, l'auteur teinte d'une bonne dose d'optimisme chacune des situations qu'il peint.
(Harmattan Guinée, 26.00 euros, 260 p.)
ISBN : 978-2-343-12006-5, ISBN EBOOK : 978-2-14-003550-0

LES ENSEIGNANT(E)S DE L'ÉDUCATION DE BASE EN GUINÉE
Professionnalisation et professionnalité
Diané Baba
Préface de Damantang Albert Camara
Le présent ouvrage fait une analyse prospective de la formation des enseignant(e) s de l'éducation de base qui œuvrent dans les écoles primaires. Il met en évidence

l'analyse de la situation et les tendances de la formation des instituteurs en Afrique subsaharienne.
(Harmattan Guinée, 24.00 euros, 242 p.)
ISBN : 978-2-343-12032-4, ISBN EBOOK : 978-2-14-003616-3

GOUVERNANCE ET COOPÉRATION INTERNATIONALE EN ÉDUCATION
Le cas de la Guinée
Barry Mamadou Billo
Avec le libéralisme triomphant qui gagne le domaine de l'éducation, cet ouvrage apporte un éclairage sur les fondements de cette nouvelle pensée et aborde les problématiques de la coopération internationale dans la réforme éducative initiée en Guinée. Il explore les défis et les enjeux de gouvernance de l'école guinéenne au regard de la diversité des acteurs, en rappelant comment la dépendance aux financements extérieurs aura affecté l'autorité de l'État face aux nouveaux venus, au nom du néolibéralisme.
(Coll. Études africaines, 27.50 euros, 266 p.)
ISBN : 978-2-343-11741-6, ISBN EBOOK : 978-2-14-003613-2

INTRODUCTION AU N'KO
Une alternative linguistique pour l'Afrique
Conde Nafadji Sory
Le n'ko, élaboré en 1949 par le scientifique guinéen Soulemana Kanté (1922 - 1949) est une écriture qui poursuit son développement et son adaptation à la modernité. Cet ouvrage aborde ses origines, le travail scientifique de son fondateur ainsi que les aspects organisationnels, littéraires, linguistiques, technologiques, thérapeutiques et philosophiques du mouvement culturel qu'il a engendré en Afrique de l'Ouest.
(Coédition Presses de l'Université Kofi Annan, Harmattan Guinée, 24.00 euros, 220 p.)
ISBN : 978-2-343-11983-0, ISBN EBOOK : 978-2-14-003549-4

LE PAYS DE BAFILABEN OU LA DESTINÉE DE DEUX ROYAUMES
Roman
Koulibaly Ibrahima Kalil
L'auteur de ce roman nous plonge dans l'univers épique et dramatique de l'Afrique précoloniale où la destinée divise deux royaumes frères (Basando et Badoula). Malgré les vicissudes de l'histoire et les intrigues de palais, l'amour d'un prince et d'une princesse aura finalement raison des querelles ancestrales. Au-delà du récit narré, l'auteur peint symboliquement sa vision de l'Afrique actuelle en rédigeant entièrement en n'ko.
(Coédition Presses de l'Université Kofi Annan, Harmattan Guinée, 17.50 euros, 163 p.)
ISBN : 978-2-343-11984-7, ISBN EBOOK : 978-2-14-003551-7

Structures éditoriales du groupe L'Harmattan

L'Harmattan Italie
Via degli Artisti, 15
10124 Torino
harmattan.italia@gmail.com

L'Harmattan Hongrie
Kossuth l. u. 14-16.
1053 Budapest
harmattan@harmattan.hu

L'Harmattan Sénégal
10 VDN en face Mermoz
BP 45034 Dakar-Fann
senharmattan@gmail.com

L'Harmattan Cameroun
TSINGA/FECAFOOT
BP 11486 Yaoundé
inkoukam@gmail.com

L'Harmattan Burkina Faso
Achille Somé – tengnule@hotmail.fr

L'Harmattan Guinée
Almamya, rue KA 028 OKB Agency
BP 3470 Conakry
harmattanguinee@yahoo.fr

L'Harmattan RDC
185, avenue Nyangwe
Commune de Lingwala – Kinshasa
matangilamusadila@yahoo.fr

L'Harmattan Congo
67, boulevard Denis-Sassou-N'Guesso
BP 2874 Brazzaville
harmattan.congo@yahoo.fr

L'Harmattan Mali
Sirakoro-Meguetana V31
Bamako
syllaka@yahoo.fr

L'Harmattan Togo
Djidjole – Lomé
Maison Amela
face EPP BATOME
ddamela@aol.com

L'Harmattan Côte d'Ivoire
Résidence Karl – Cité des Arts
Abidjan-Cocody
03 BP 1588 Abidjan
espace_harmattan.ci@hotmail.fr

L'Harmattan Algérie
22, rue Moulay-Mohamed
31000 Oran
info2@harmattan-algerie.com

L'Harmattan Maroc
5, rue Ferrane-Kouicha, Talaâ-Elkbira
Chrableyine, Fès-Médine
30000 Fès
harmattan.maroc@gmail.com

Nos librairies en France

Librairie internationale
16, rue des Écoles – 75005 Paris
librairie.internationale@harmattan.fr
01 40 46 79 11
www.librairieharmattan.com

Librairie l'Espace Harmattan
21 bis, rue des Écoles – 75005 Paris
librairie.espace@harmattan.fr
01 43 29 49 42

Lib. sciences humaines & histoire
21, rue des Écoles – 75005 Paris
librairie.sh@harmattan.fr
01 46 34 13 71
www.librairieharmattansh.com

Lib. Méditerranée & Moyen-Orient
7, rue des Carmes – 75005 Paris
librairie.mediterranee@harmattan.fr
01 43 29 71 15

Librairie Le Lucernaire
53, rue Notre-Dame-des-Champs – 75006 Paris
librairie@lucernaire.fr
01 42 22 67 13

www.ingramcontent.com/pod-product-compliance
Lightning Source LLC
LaVergne TN
LVHW010930061026
849535LV00007B/2323
* 9 7 8 2 3 4 3 1 4 6 3 2 4 *